勝利のルーティーン

常勝軍団を作る、「習慣化」のチームマネジメント

西野朗

nishino akira

幻冬舎

勝利のルーティーン

常勝軍団を作る、「習慣化」のチームマネジメント

はじめに

サッカー監督の仕事をあえてひと口で言えば、確固たる「ヴィジョン」を持ち、チームの「スタイル」を構築することだ。私はそう思っている。

プロ球団だから、もちろん結果は大事だ。だがファン、サポーターからも愛される、魅力のあるクラブでなければいけない。

スペインのFCバルセロナは、今や世界屈指の人気クラブだ。その理由は、クラブの伝統や選手個々の魅力もあるが、みな華麗なパスサッカーに魅せられているからだろう。あのスタイルが、FCバルセロナの人気を不動にしているのだ。

勝つことだけに腐心するのではなく、目がはなせない、ドキドキするような試合をファンに見せていく。そういう試合を続けていくことが「らしさ」を形作り、チームのスタイルを確立させるのだ。

私が、指導者としてのスタートを切ったのは、1991年のことだ。率いたのは、1992年のワールドユース出場を目指す、U－20日本代表チームだった。

１９９０年に現役を引退した私は、指導者として学ぶために、積極的に海外に出て行った。当時はインターネットもなく、日本に入ってくるサッカーの情報は非常に限定されていた。指導者として何かを得るには、自ら海外に出るべきだと思ったのだ。ドイツに単身、コーチの勉強をしに行ったり、イングランドに指導者のライセンスを取りに行ったりした。

そんな現場指導の経験がない私が、カテゴリー別とはいえ、突然日本代表チームを率いることになったのだ。

ユース代表は、クラブチームではないので、全国から優秀な選手を集めて、ゼロからチームを作る必要がある。当時は、まだクラブユースもなく、代表選手は高校生主体だった。だから、全国を歩いて自分の目で見て確かめ、選手たちを引っ張ってくるしかなかった。各都道府県のサッカー協会や高校のサッカー部の知り合いをフルに使って、それこそ全国行脚した。全国で行われる数百という高校サッカーの試合を見に行って、そこで閃《ひらめ》いた選手をうまく掬《すく》うような感覚だろうか。

このチームは残念ながらあと一歩のところで世界を逃したが、この時の経験が、のちのアトランタ五輪代表チームを率いる上で、非常に役立った。

その後、私はその世代をそのまま引き継いで、アトランタ五輪を目指すことになった。

年ぶりに予選を突破し出場を決めた本大会では、ブラジル、ナイジェリア、ハンガリーと同じグループに入った。ブラジルとハンガリーに勝利したものの、得失点差で決勝トーナメントに進出することはできなかった。

世間や協会の評価は、「あいつのサッカーは、消極的で未来がない」というものだった。

この時の経験は、私のその後のチーム作りにおける、大きなモチベーションになった。攻撃的なサッカーをクラブで実現し、評価を覆してやると誓ったのだ。

その後、柏レイソルのコーチを経て、1998年には同チームの監督に就任した。クラブチームの監督は、代表チームのように自分の好きな選手を自由に選び、チームを構成することはできない。

当時の柏レイソルは中堅クラブだったが、北嶋（秀朗）や大野（敏隆）ら若い選手が台頭してきていた。彼ら選手の特徴を見極めて、システムを変えたり、毎日指導を繰り返す中で、徐々に自分の目指す、攻撃的なサッカーができるという手応えを感じてきていた。

だが就任して3年半が経過した2001年、あと少しで自分の指導がチームに反映されるだろうなと思った矢先、解任されてしまった。その時は、やはりショックだった。

でも、このままでは終われない。

ガンバ大阪から声をかけてもらったのは、そんな時だった。

そして、2002年から10年間、ガンバ大阪の監督を務めることになる。その印象が強いせいか、いまだに、サッカーファンから「ガンバの西野」と見られることが少なくない。

私が10年間率いたガンバ大阪は、最終的に、本当にスペシャルなチームになったと思う。

チームが掲げたスローガン通りに、攻撃的サッカーから超攻撃的サッカーに進化を遂げ、最終的に多くのタイトルを獲《と》った。また、他クラブにはないチームの形と、独特のスタイルを作り上げることができた。

それは、極めて稀《まれ》なケースだったと思う。

ガンバ大阪で10年間の指導を終えたのが2011年のこと。その後、シーズン途中から引き受けたヴィッセル神戸では志半ばで解任される。

だが、これも次なるステップのための良薬になったと思っている。

そして昨年12月に、私は、昨季までドラガン・ストイコビッチ監督が6年間率いていた、名古屋グランパスの監督に就任した。この名古屋にも高いポテンシャルを秘めた若手がたくさんいる。自分の攻撃的なスタイルを間違いなく実現できると確信している。

私の初めての書籍となる本書では、その監督としての理念、そしてサッカー観を余すところなく記したつもりだ。

指導者は成功も失敗も肥やしにして、確固たるスタイルを持ったチーム作りに邁進《まいしん》する。

それが楽しく、刺激的だから、また走り出したいと、すぐに思ってしまうのだ。

目次

コミュニケーション力

想像力

第2章 勝つ采配とチームマネジメント

第3章 自分のスタイルを貫く

第4章　新たなる挑戦と、世界との距離

第1章
監督の条件

監督に必要な3つの要素

言うまでもないことだが、監督という職業にはリーダーシップが欠かせない。チームが志向するサッカーの方向性を示し、将来のヴィジョンを明確にする。そして、それをどうやって具現化するのか、戦略を考える。選手たちのモチベーションを上げ、心を動かし、理想のサッカーに取り組ませる。

さらに、監督には「管理職」の側面もある。短期、長期のスパンでチーム編成を考え、選手の移籍など人事面でのコントロールをする必要もあるからだ。

では、監督に必要な資質とは何だろうか。

たくさんあってひと口で言うのは難しいのだが、強いて大別するならば、以下の3つは欠かせない。

(1) 洞察力

(2) コミュニケーション力

（３）想像力

監督にまず必要なのが「洞察力」だ。

監督は、選手たちがピッチで個々の能力を１００パーセント発揮できる環境作りを、常に意識しなければならない。そのためには、選手たちの日々の言動や表情、人間関係などをしっかり観察し、彼らが日々、どんなことを考えているのか、その内面まで知る必要がある。

そこで知りえたことは、チームにとって、ベストな組合せを検討する材料にもなる。

「コミュニケーション力」は、企業や学校、どんな組織でも必要な要素だろう。

組織を円滑に動かすためには、選手を始め、スタッフ、フロント、サポーターなど、さまざまな相手と、丁寧にコミュニケーションを取らなければならない。

最後に、ある意味一番重要な能力だと思うのが、「想像力」だ。これが、チームのヴィジョンを形作る力となる。

監督は、理想とするチームの形を、常に頭の中でイメージしているものだ。

それもただ漠然とイメージするのではなく、選手の能力や個性などを考慮し、チーム内での組合せや、コンビネーションなども踏まえて、柔軟に考える。

そして必要とあれば、新しい選手を獲得する。そうして理想のチームに近づけていくのだ。この章では、私の経験から、この3つの能力について具体的に書いていきたい。

洞察力

さまざまな角度から、選手の可能性を探る

私は新しいチームの監督に就任すると、まず選手の様子を「観察」することにしている。この選手はどういうプレーをし、どんなポテンシャルを持っているのか。どんな姿勢で毎日の練習に取り組んでいるのか。さらに、選手たちのグループの中で、どんな様子で話しているのか。

ときには、個人の過去を掘り下げて「観る」こともある。例えば子供の頃やユースの頃は、どこのポジションでプレーしていたのか。それを知ることが、その選手の新たな可能性を探

ることにもつながるからだ。

そうやって、さまざまな角度、視点からすべての選手を観ることにしている。

そして、観察しながら選手同士の組合せを想像する。

レギュラーとしては少し力が不足しているかなと思う選手や、ある一点において突出した能力を持っているような選手の場合、個性の異なる選手と組み合わせることで、非常にいいパフォーマンスを発揮することがある。

いびつな形をしたパズルのピースを組み合わせて、ひとつの絵を作るように、いろいろ試しつつ、自分の中でイメージを膨らませていくのだ。

前任者が起用していたポジションや、選手が望んでいるポジションにとらわれず、固定観念を疑い、自分で判断する。選手のスタイルをこちらが決めつけてしまうと、その時点でその選手の力を限定してしまうことになる。

例えばどうしても苦手なプレーがある、という選手がいる。

それでも私は、苦手なものは仕方がない、諦めよう、とは思わない。

ヘディングが下手な選手の場合は、なぜ下手なのか、その理由を徹底的に探る。

ジャンプができないからなのか。最初からヘディングが嫌いなのか。タイミングが悪いからなのか。いろんな分析をして、タイミングが悪いということが分かれば、その対処をすればいい。下手だという烙印《らくいん》を押してしまうと、それ以上伸びない。

また、パフォーマンスが落ちている選手に、変わった対症療法を取ることがある。

柏レイソル時代、右サイドMFの渡辺（光輝）と左サイドMFの平山（智規）のポジションを入れ替えて、トレーニングさせたことがあった。

いつもとまったく異なる視点でピッチを見て、異なるサイドでプレーをすることで、新たな発見があればと思ってのことだった。

センターフォワードをセンターバックでプレーさせたり、ポジションを左右置き換えたりすることもあった。選手は、ちょっとしたきっかけで調子を取り戻すことがあるのだ。

選手たちの日常を観察する

選手たちは、サッカー選手である前に、一人の人間である。

日頃から人間関係をうまく構築できるタイプの人間もいれば、恥ずかしがり屋や人見知りの人間もいる。監督は、その選手たちの性格を踏まえた上で、チーム作りをしなければならない。

個々の選手の性格や考えを知るには、日常生活での選手の動きやクセ、ペースを把握することが必要だ。例えば食事の時には必ず、全選手が視野に入る位置のテーブルにつくようにしていた。全員が見えない時は、わざわざ、テーブルの位置を設定し直した。

選手がいつも何を食べているのか、誰と話をしているのか。それを注意深く見る。食事の時は、ある程度まとまった時間を他人と過ごすことになるので、人間性が出やすいからだ。

中澤（聡太）のように、食事が終わった後も、他の選手とずっと話し込んでいる選手もいれば、10分くらいでさっと食べて、すぐに部屋に戻ってしまう選手もいる。ときに、食が細いなと思う選手がいたら、「ちゃんと食べているのか」と聞くこともあった。

リーグ開幕前のキャンプなど、長い時間をともに過ごす時は、選手たちが積極的に交流できる空間作りにも気を配った。

例えば、合宿場所にトレーナールームを作っても、多くの選手はマッサージを終えるとすぐに自分の部屋に戻ってしまう。

だが、隣にゲームや雑誌などを置いたり、試合のＤＶＤを見られるリラックスルームを作っておくと、選手がそこに集まって談笑したり、意見を言い合ったり、外国籍選手との交流の場になったりする。

選手たちがリラックスできなくなるので、私は極力、そういう場所に顔を出さない。ただ、スタッフミーティングでトレーナーやマネージャーを通して、こぼれてくる話もある。そこから垣間見える選手の「素の顔」があるのだ。

ちょっと非科学的かもしれないが、選手の血液型を調べることもあった。選手同士のコンビネーションを考える上で、性格分析の参考にしようと思ったのだ。

例えば、柏レイソルの時は、最終ラインの渡辺（毅）、薩川（了洋）、ホン・ミョンボの3人は、みんなB型だった。これはグループとしてはどうなのか、と思ったが、実際は3人の連携は絶妙だった。

また、私はよく「誰の曲を聞いているんだ？」と選手のイヤホンの片方を取って、自分の耳に入れたり、本を読んでいる選手には、「どんな本、読んでいるんだ？」と横から覗《のぞ》き見たりもする。

選手個々の能力や選手同士の相性を知るには、ピッチ上のパフォーマンスを見れば十分だと思われるかもしれない。

確かにプレーを見れば、その選手がどういうタイプの選手なのか、どんな特徴を持っているか、ある程度は理解できる。

だが、性格や、その選手の内面を知るにはそれだけでは不十分だ。

イヤホンを共有して音楽を聞いたり、本を覗いたりしてみると、「こいつプレーはガンガン行くのに、こんなスローテンポの曲が好きなのか」とか、「いつもふざけてばかりいるのにこんな真面目な本を読んでいるのか」とか、いろんな発見がある。

さらに、それをきっかけに話をすると、この選手はけっこう頭の回転が速いなとか、意外と会話のキャッチボールができる選手なんだ、というのが分かったりもする。

ただ、どうしても性格が摑《つか》みにくい選手もいる。例えば、ポジションのコンバートなど、大きな変更の場合は、一対一の個人面談をすることもある。

「どこのポジションをやりたいのか」

「ここのポジションですが、こだわりはありません」

「じゃ違うポジションでやってもらうこともあるけど、いいか」

「がんばります」

個人面談の時は、やる気も感じるし、プロとしてチームに貢献するという姿勢も見せてくれるので、こちらも期待してピッチに送り出す。だが、いざ本番となると、俺のポジションはここじゃない、という気持ちがありありとプレーに出てしまう選手もいる。チーム全体のパフォーマンスを上げるために起用したのに、これでは、逆にマイナスになってしまう。この場合は、選手の本質を見抜けなかった私の責任でもある。

選手の本当のナマの声というのは、なかなか監督には直接届かないものだ。だからその隙間を埋めるために、あらゆる角度から選手を観察し、見えにくい選手の本音や考えを知る必要がある。

先入観やピッチ上の振る舞いだけで、選手の個性を決めつけてはいけない。

戦いは練習から始まっている

日々の練習に対する姿勢は、選手起用の大きな判断基準になる。

例えば、試合でのパフォーマンスが悪く、次の試合は難しいかなと思うと、休み明けの練習の時に、ランニングで張り切って先頭を走っている選手がいる。そういう前向きな姿勢を見せられると、監督の心理としては、次も期待したくなる。リカバーの意識の高い選手や、ムードメーカーは、必ずチームに必要なのだ。

ガンバ大阪時代、ＤＦの下平（匠）は、まさにそういうタイプの選手で、そんな日々の繰り返しの中で、やがてレギュラーに定着していった。下平と播戸（竜二）、中澤（聡太）の３人は、ランニングの時、必ず先頭争いをしていた。

逆に、覇気がなく、自己管理のできない選手を、懲罰的に起用しなかったこともある。私がガンバ大阪の監督に就任した２００２年のＪリーグ開幕戦のことだ。相手は、私の古巣、柏レイソルだったが、１－０で勝った。

だが、その試合で決勝点を挙げてヒーローになった選手は、週明けの練習を風邪で発熱して休み、水曜日に合流してきた。まだ、風邪も完全には治っていない。

私は、リーグ戦が開幕した直後に風邪を引くこと自体、自己管理が甘い証拠だと見なして、その選手を、第２節の京都パープルサンガ戦のメンバーから外した。体調を崩した選手を強引に起用すればチーム全体に影響を及ぼしかねないし、シーズンを通して見れば、選手個人にとっても良くない。だから、厳しい措置を取ったのである。

本人は「もう風邪も治りつつあるのに、なぜ連れて行ってくれないんですか」と、私に言ってきた。だが、私には全然響かなかった。他の選手からも「あいつ、遠征に帯同できないらしい。厳しいな、監督」という声が聞こえてきた。

病み上がりとはいえ風邪だ。正直、連れて行こうと思えば行けたかもしれない。時間を制限すれば、スターティングメンバーで使うことも可能だった。

それでも、連れて行かなかったのは、ひとつは選手に自己管理の自覚を促すためだ。選手にとって最大の苦痛はプレーができないことだ。その機会を奪うことで、プロ選手とはどうあるべきか、ということを考えてほしかったのだ。

もうひとつの意図は、ガンバ大阪の選手たちに、自分のやり方をはっきり明示することだった。

Jリーグでも、チームによっては、試合前の練習を病気や怪我《けが》で休んでいた選手が、試合に平気で使われることがある。それでは、試合さえ出ていればいいという考えになるし、それ以前にピッチでいいパフォーマンスなど発揮できるわけがない。

練習に遅刻してきた選手に、そのままシャワーだけ浴びさせて帰らせたこともある。それまでは練習に遅刻してきても罰金さえ払えばオーケーという雰囲気で、照れ臭そうに「すみません」と練習に合流し、みんなが茶化して終わりだったようだ。

そんなことはプロとしてとんでもない。時間を守ることはプロサッカー選手以前に、社会人として当然の義務だし、目標を持ったプロスポーツ世界では当たり前のことだ。

また、きちんと準備をしないで練習に入れば、怪我につながりかねない。練習から戦いは始まっている。いくら才能があっても練習をないがしろにして、試合に出ることなど、ありえない。

サブメンバーもあえて極端な構成にする時がある。

ある試合で、7人のサブメンバーの中に、DFの選手を一人も入れなかったことがある。その代わりに、あえて今まで起用したことのない、攻撃的な選手をメンバーに入れた。バックアップのDF陣は、信頼されていないと思っただろう。

また、サブメンバーをあえて6人しか入れない時もあった。決して余裕があってそうしたわけではない。だが私は、このコンディションではメンバー入りに値しないんだ、とメンバーに入れなかった選手に感じてほしかったのだ。

対戦相手との兼ね合いを考え、各ポジションに対するメッセージを込めたメンバー編成にして、選手のやる気を促す。そうして危機感を持って取り組み、期待以上に伸びてくれれば、監督として、これほど嬉《うれ》しいことはない。

選手のコンディションを見極める

ガンバ大阪時代の、試合当日のルーティーンを紹介しよう。

ナイトゲームの場合、午前10時から簡単なトレーニングをする。トレーニングといっても近くの公園とか、体を動かせる場所にボールを持って行き、30分くらい軽く運動する程度だ。ホームゲームの場合は、前泊しているホテルの中庭でストレッチをしてからボール回しをする。体を眠りから起こす意味もあるし、試合当日、まったく体を動かさないよりも、多少刺激を与えていた方がスムーズに試合に移行できるということもある。

その際、ドクターから当日の朝の選手の状況の報告を受ける。前日に状態の悪い選手、夜中に調子を崩した選手について、朝、再度確認をお願いし、状況を説明してもらう。これが、試合当日の一番大事な仕事だ。さらにピッチコンディションを左右する天候も確認する。

11時30分に食事をし、仮眠して、試合の3時間30分前にミーティングをする。この時、スターティングメンバーを正式に発表する。

ちなみに、デーゲームの場合は、体操して、すぐにミーティングに入る。2日前の非公開練習の時、基本的にスターティングメンバーはすでに選手に伝えてあるが、このミーティングでの発表が最終決定になる。病気や怪我などを含め、精神的なものや疲労から体調を崩したりする選手が意外と出るのだ。

しばしば彼らはそれを隠そうとする。そのため、このタイミングでの選手の入れ替えが起こりうる。

ある選手は、「下痢したぐらいで、いちいち監督に言わないでよ」とドクターに釘《くぎ》を刺していた。試合が終わった後でひどくなって、「お前、朝、薬もらったそうじゃないか。なんで言わないいんだ」と言うと、「いや、大丈夫だと思ったんで」と言い訳する。ドクターが素直に知らせてくれれば何の問題もないのだが、その報告を怠ってしまうと、試合後、容態が悪化することがある。

ドクターも難しい立場だ。もし、正直に監督に伝えると「なんで言うんですか！」と、ドクターに食ってかかる選手がいるからだ。ドクターも「その程度なら」と思うのかもしれないが、下痢をしていたら、間違いなくサッカーのパフォーマンスにも大きく影響する。私は、例えばドクターから、選手が胃腸の調子を崩したという報告を受けた場合、ほぼスターティングメンバーから外す。お腹《なか》に力が入らない状態では集中力が散漫になるし、そんな状態で、

90分間体力が持つわけがない。また、仮に怪我を抱えていたとして、無理をして出場したら、選手生命にも関わりかねない。

選手を万全の状態でピッチに送り出すのが監督の責務でもある。そのためには選手の体調に関するメディカルの情報は絶対に欠かせないし、どんな些細《ささい》なことでも監督に情報を上げるように徹底しなければならない。

キャプテンの選び方

チームのキャプテンを選ぶのも監督の仕事だ。

クラブによっては、選手自身が選んだり、前キャプテンが次のキャプテンを指名したり、いろいろやり方があるようだ。だが、私は必ず、シーズン前に自分で直接指名することにしている。キャプテン一人、副キャプテン二人である。

ガンバ大阪時代は、キャプテンを決める時は、その選手を自分の部屋に呼んで、「キャプテンをやってもらいたい」と、ハッキリ言った。多くの選手は「分かりました」と、引き受けてくれたが、明神（智和）だけは「（山口）智が副キャプテンをやってくれたらやります」と、条件を付けてきた。

ガンバのキャプテンは代々、リーダーシップはあるものの、おとなしく、黙々とプレーするタイプが多かった。彼らにはプロフェッショナルとしての姿を周りの選手に見せてくれることを期待した。

木場（昌雄）、實好（礼忠）、シジクレイ、明神、山口、タイプは違うが宮本（恒靖）も、そういう姿勢を周りに見せて、大きな影響を与えてくれたと思う。

私が考えるキャプテンの条件は、グラウンドの内外で存在感があり、チームを支える責任感を持っている選手だ。

過去の実績とか、キャプテン経験の有無で決めることはない。必ずしもベテランでなくてもいいし、キャリアが必要なわけでもない。中堅の選手でも十分チームを引っ張ることはできると思う。

アトランタ五輪代表を率いた時は、誰をキャプテンにするべきか、非常に迷った。

実力的には「レフティーモンスター」と呼ばれていた小倉（隆史）がふさわしいと思っていた。また、服部（年宏）もキャプテンにふさわしい選手だった。彼は、生来のリーダー気質を持っていた。プレーもハードワークをいとわず、チーム全体の中での自分という視点をいつも持っていた。

だが、最終的に私がキャプテンに指名したのは、前園（真聖）だった。

前園は、あの世代の中で一人だけ日本代表に入るなど実力が頭ひとつ抜けていたし、年齢的にも一番上だった。しかも、同世代や1歳下の世代の選手からもリスペクトされていた。

だが私は、彼の性格は、リーダー向きではないと思っていた。

普段はともかく、試合中は自我をものすごく主張するタイプの選手で、チームのために尽くすという意識が希薄に思えたからだ。

しかも、自分と息の合った選手とばかりプレーする傾向もあった。彼のグラウンドでの振る舞いや私生活も含めて、チームから逸脱しかねないという危惧もあった。

選手としての評価は高くとも、それがチームパフォーマンスに反映されるとは限らない。一人だけ勝手なプレーをしてそれを他選手がカバーしていくようなチームであってはならないのだ。

実は私自身、現役時代は周りからそういう選手だと思われていたらしい。自分はチームのためにプレーしているつもりでも、周囲からはそうは見られていなかった。その自分と、前園が重なった部分もあった。

だが、あるきっかけから、私は前園をキャプテンに選んだ。その決断をするきっかけとなったのが、小倉の怪我による離脱だった。

マレーシアでのキャンプ中、小倉は右足後十字靭帯を断裂して、アジア最終予選に間に合わなくなってしまった。もちろん、本大会にも出場はできない。

怪我をした日の夜のことだ。小倉の部屋に、前園が一人で訪れた。何を話したのかは分からないが、かなり長い時間を二人で過ごしていたようだ。

翌朝、小倉は日本に帰国した。それから前園の意識が変わったように見えたのだ。おそらく彼は、小倉から「何か」を託されたのだろう。

前園は間違いなくこの世代の中心選手だった。選手の誰もが彼の力を認めている。性格的にはリーダーに向かなくても、彼をチームの中心から外すということは、どうしても考えられなかった。

だから、私はあえて「お前に任せる」と、彼にキャプテン就任を命じた。キャプテンマークをつけたら、自分勝手なことはできないぞ、と釘を刺したのである。

サッカー選手は、一夜でスーパーマンにはなれない

選手とチームは、相互扶助で成り立っている。選手はチームに貢献し、結果を出すことで、個人的な評価も得る。逆に、個人のレベルが上がらなければ、チーム力も伸びない。選手とチーム力は、リンクしているのである。

そのために、一番大切なのが、やはり日々のトレーニングである。

ただ、漠然とトレーニングをするだけではない。十分な睡眠を取って、しっかりと栄養価の高い朝食を取って、事前にいろんな準備をして、質のいいトレーニングをする。トレーニングが終わった後は、トリートメントをして、また、しっかりと栄養と睡眠を取る。

独身の選手の場合は、どうしても外食中心になるだろうが、それでも、しっかり気を使ってほしいと思う。

余った時間は、気分転換に使ったり、家族やパートナーがいれば、その付き合いがあったりもするだろう。プロ意識や技術、体力、メンタルは、練習だけではなくそういう一日の生活のリズムから生まれるのだ。

サッカー選手はスーパーカーのようなものだ。しっかりアイドリングしてから、アクセルを踏まないと、エンジンがおかしくなる。

トップフォームを維持するには非常に繊細な気配りがいるのだ。だから、普段からしっかりメンテナンスをしないと簡単にコンディションは落ちてしまう。そして一度コンディションが落ちてしまうと、なかなか元には戻らない。

もちろん、ドクターなどメディカルスタッフは全力を尽くしてくれるが、一夜にして回復できるマジックを持っているわけではない。

だからそうならないように、個々の一日のリズムが重要なのだ。

それぞれやり方は異なるだろうが、日常から努力していれば、徐々に意識が変わってくるものだ。意識が変われば目標も高くなり、結果も出る。そうして成長した選手が、真のプロフェッショナルになるのだと思う。

プロとして当たり前のことだと思うかもしれないが、この当たり前のことができていない選手が非常に多い。

今の時代、カテゴリーと報酬さえ高望みしなければ、「サッカー選手」には、ある程度の確率でなれるかもしれない。ただ、そこからトップを極めるには、高い意識を持ち、本気でトライしていかなければ難しい。

例えば、ガンバ大阪の加地（亮）は、本当にプロ意識の高い選手の一人だった。試合が終わった後は、必ず体を氷とラップでミイラのようにグルグル巻きにして、10分ぐらい横たわる。その後にシャワーを浴びる。彼は、自分なりのトリートメント方法をしっかり持っている。

加地は、誰よりも早くクラブハウスに来る。鶏が鳴く時間よりも早く来るので、ガンバ大阪では、「鶏を起こす加地」と言われていたくらいだ。彼はクラブハウスに来ると、一人で風呂を沸かして練習の準備をする。

ストレッチや筋トレなど、チームの練習の前にひと練習終えるぐらいの勢いでこなす。それを毎日繰り返すのだ。いくらプロだとはいえ、簡単にできるものではない。

食生活もアルコールは取らないし、体脂肪率も8～9パーセントと非常に低い。プレーも10年前に私が初めて見た時よりも相当、レベルアップした。

他の誰よりも走れるように、正確なクロスを上げられるようにするには、どうしたらいいのか。プロとして何が必要なのか考えてやってきた結果、２００６年のドイツW杯に出場し、ガンバ大阪でも欠かせない右サイドバックになった。

非常に頑固でこだわりも強いタイプだが、キャラクター的には三枚目で、ムードメーカー的なところも持っている。高い意識、強い心身、ストイックな生活スタイル、それを一流にこなすところが加地の凄《すご》さだ。

サッカー選手は、一夜にしてスーパーマンにはなれない。

単調な毎日を地道に繰り返して、質を向上させていくことでしか、成長できないのだ。

コミュニケーション力

スタッフに「監督の目」を意識させる

サッカーに限らず、人や組織を円滑に動かそうと思ったら、自分一人ですべてをやろうと思ってはいけない。

会社員でいえば、平社員から主任や課長に昇進し、あるいは部長や社長などのトップに就任すると、グループや会社の長としてまとめる役割がある。すると、結果を出さなければと力が入ってしまい、それまでは普通にやれていたことが、できなくなってしまうことがある。そうなると悪循環に陥ってしまう。

Jリーグのクラブには、監督以外にコーチやフロント、さまざまなスタッフがいる。彼らに任せるところは任せて、カバーし合うところはカバーする。そういう信頼関係をスタッフ間で築き、目標を共有していくことが大切だ。

２００２年にガンバ大阪の監督に就任した時、私のために監督室として、長い机と応接セットがある社長室かと見間違うような部屋があてがわれた。

私には、そんな特別な部屋は必要ない。

すぐに監督室は、誰でも使用できる応接室に変えてもらい、私は他のコーチングスタッフがいる大部屋に入った。

監督とスタッフの間に距離があっては、組織は機能しない。和気《わき》靄々《あいあい》になる必要はないが、自分の考えをできるだけ早く浸透させ、信頼関係を築いていくために壁ひとつでも距離はあってはならない。

また監督の声は、すべてのスタッフに直接は届かない。だが、私は直《じか》にやりとりすることの少ないスタッフにも、監督の目が届いていることを意識させることが重要だと思っている。

例えば、各メディカルトレーナーは、基本的にはリーダーからの指示を受けて仕事をするのだが、それだと自分が関わっている仕事の全体像はなかなか見えてこない。

だが私が彼らに声をかけることで、監督にも見られていると意識するようになる。ときには、選手がベストの状態を維持するために、スタッフの仕事がどれだけ深く関わっているか、説明することもある。

するとリーダーからの指示を実行するだけでなく、監督の要求にも応えたいと思うようになる。そして視野が広がり自分の周りの仕事だけではなく、全体に目を向けることができるようになるのだ。そうなれば、各々が強い責任感を持って仕事をこなし、組織は一枚岩となって、目標達成に挑んでいける。

また、違う役割のスタッフ同士を、自分が間に入ってうまくつなぎ合わせ、情報を共有し、コミュニケーションを取れるようにするのも重要だ。

例を挙げれば、ドクターとフィジカルコーチの関係もそうだ。

基本的に、ドクターは故障した選手を元の状態に戻すのが仕事だ。またフィジカルコーチは、普段から選手のコンディションを整えるのが仕事になる。

だから両者には、怪我の回復状況、復帰の時期などで意見の相違が出ることがある。

例えば、ある選手が怪我をして、ベンチ外になったとする。だが、何日経過しても、何の報告も上がってこない。

「どうなっているんだ」と、ドクターに言うと、「いや、フィジカルコーチが、『まだトレーニングには参加させられない。まずは、メディカルで診ていてくれ』と言うので」と、言い訳をする。

すぐにフィジカルコーチを呼んで「どういうことだ」と問うと、フィジカルコーチは「いや、本当は参加させたいんですが、違和感があるっていうんで、完璧に治るまでメディカルに診させています」と、ドクターに責任転嫁をする。

これでは、とてもスタッフが一枚岩になっているとは言えない。

だが、普段から間に入ってお互いのコミュニケーションを促し、風通しを良くしておけば、よりスムーズに選手を復帰に導くことができる。それは、選手にとっても、チームにとってもプラスになるはずだ。

レギュラーを特別扱いしない

1995〜2006年までガンバ大阪に在籍し、3バックの中心として活躍した宮本（恒靖）は、いわばチームの「顔」だった。

日本代表のレギュラーでもあった宮本は、2004年、ジーコ監督率いる日本代表の一員として、アジアカップの優勝に大きく貢献した。

だが私は、開催地の中国から帰ってきてチームに合流した彼を、すぐにレギュラーに戻すことはしなかった。

宮本不在の間、シジクレイ、山口（智）、實好（礼忠）の3バックが機能して、リーグ戦、カップ戦も含めて8勝1敗1分けで無失点が4試合続いていた。守備のリズムが非常に良かったので、最終ラインのメンバーを交代したくなかったのだ。

「チーム状況がいいのは分かるけど、自分のコンディションも悪くない。なぜ出られないんですか」

宮本は冷静に聞いてきた。

「お前のコンディションが問題だとは思ってない。ただ、今、チームのDFラインは安定しているので変えたくないんだ」

そう説明をしたが、日本代表のキャプテンでもある宮本は、納得はできなかっただろう。でも、その時は、一切感情的にならずに「分かりました」と、引き下がってくれた。

宮本のような日本代表選手でなくとも、ずっとレギュラーで出場していた選手をスターティングメンバーから外す時は難しい。こちらにどんな思惑があるにせよ、選手の立場からはなかなか納得できないものだ。

どのタイミングで選手に伝えるかも重要だ。

試合の数日前か、試合の当日の朝か、それとも軽くトレーニングした昼か、試合直前か。選手の性格を踏まえて考える必要がある。

さらに、1試合の登録メンバーである18人にも入れない時は、必ず個別に話す時間を取らないといけない。コンディションに問題がなくとも、メンタル面で不安を抱えていたり、対戦相手による戦術上の理由で外す場合もあるからだ。

ただ、前の試合でパフォーマンスがあまりにも悪かった選手を外す場合は、非公開練習前のミーティングで伝えてしまう。漫然と「次も出られるだろう」と思っていた選手は、そこで厳しさを知ることになる。

若い選手には、練習や試合の準備がどれほど大切で、それがいかに試合に影響するのか、それを理解してもらわなければならない。だから、特に厳しく指導する対象になりやすいのは確かだ。２０１０年当時、売出し中だった宇佐美（貴史）にも、私はそういう対応をしていた。

選手から起用しない理由について聞かれた時は、曖昧な言い方は一切しない。

特にベテラン選手には、戦術的なことを含めて、個人のパフォーマンスの良し悪《あ》しについて、私自身の見解を、率直に伝えるようにしていた。

選手は、監督が言うよりももっとやれていたと思うかもしれないし、私の言ったことに同意するかもしれない。選手自身が、どう解釈するのかは別として、監督が選手のことをどう見ているのかを知らせることは、信頼関係を築く上で重要なのだ。

また、連戦のさなか、コンディションが万全でないベテランの選手を一時的に外す場合も難しい。こういう場合は、「90分（出場すること）は考えないでいい」とか「次はあいつを使うからベンチスタートで行ってくれ」など、あらかじめ伝えておく。

それもダイレクトに事実だけを伝えた方がいい選手と、理詰めで細かく理由を説明しなければいけない選手がいる。

二川（孝広）は性格的にはおとなしい選手だが、なぜか彼には「スタートから外れるが、後半から入ってくれ」と、ズバっと言えた。内心では腹を立てているに違いないが、腐ることもなく、途中出場したら必ず期待に応えるプレーを見せてくれた。

もちろん、なかなか納得しない選手もいる。

例えば、ドクターからある選手について「太腿の裏に張りがある」と報告を受け、本人を呼んで「最近、調子が上がらないのは、その張りのせいか」という話をする。

するとその選手は「誰がそんなことを言ったんですか」と憤慨し、「ドクターだ」と言うと、今度は「なんで、そんなことを監督に言ったんですか」と、ドクターにクレームを言う。

選手とドクターの間に不信感が生まれてもいけないので、やむなく二人を呼んで話をするのだが、その場で「この試合は、とりあえず我慢しろ。お前の代わりに出る選手の調子も悪くないから」と言っても、「なんで、自分が外れるんですか」と言って、なかなか納得してくれない。

信頼関係はあるのだが、やっぱり自己主張の強さが、どうしても表に出てしまうのだ。一度外れると、もう戻れないかもしれないという不安もあるのだろう。

それでも「次はバックアッパーで行ってくれ」とはっきり言うと、最後は渋々「分かりました」と了承する。

いつもは控えのメンバーに先発だと伝える時も、選手のキャラクターによって言い方を考える。言い方やタイミングを間違えれば、試合のパフォーマンスに影響してしまうことがあるのだ。

試合の数日前の紅白戦が終わった後ぐらいに伝えた方が、心構えができていいケースもあるし、今回はバックアップだろうと選手に思わせておいて、ミーティングのメンバー発表に名前を入れておき、気持ちをグッと盛り上げるケースもある。

２０１１年、韓国の全北現代から獲得したＤＦのキム・スンヨンに、試合当日の朝に「今日はスタメンで行くぞ」と伝えたことがある。

すると彼は急に緊張して軽食が取れなくなり、さっさと部屋に戻ってしまった。あの時は、「当日に伝えるべきではなかった」と、少し後悔したものだ。

選手への声のかけ方とタイミング

選手に声をかけたり、指示を与えたりする時は、「こうやれ」とか「こうしないとダメだろ」とか、できるだけ命令口調にならないように気を付けている。

サッカーはすべて自分で判断しなければならないスポーツだ。

ピッチ上の状況は刻一刻と変化する。トレーニングでいくら相手を想定したシミュレーションをしていても、相手が裏をかいてきたら、こちらも違う判断をしなければならない。試合に入ったら、監督が事細かく指示を送ることはできないし、いざボールを持ったら、チームメイトに相談するヒマなんてもちろんない。選手は無数にあるプレーの中から、ベストな選択をしなければならないのだ。

それなのに、監督が常に命令口調であろしろ、こうしろと指示ばかりしていたら、サッカーに必要な「判断力」が身に付かない。

ミニゲーム中に監督が状況ごとにプレーを止める「ストップトレーニング」でも、私は「ちょっと待って。今右サイドにボールを展開しようとしたのは悪くはないが、違う選択肢もあったんじゃないか。左に出した方が２つ３つ先のプレーが活《い》きたんじゃないか？」と、決めつけずに、選手に選択肢を与える言い方を心がけている。

ただしジュニア世代では、必ずしもこのやり方がいいとは限らない。あえて決めつけた方が、自信を持ってはっきりプレーできる場合もあるからだ。ただ、それで失敗をした時は、後で「こういうやり方もあったな」と教えてあげればいい。

もちろん、言い方だけではなく、言うタイミングも大事だ。

グラウンドの中で言って済ませてしまうのがいいのか、少し時間を置いてから言った方がいいのか。それも選手の性格と状況を見て、判断しなければならない。

ガンバ大阪時代、中堅の武井（択也）に「ちょっと部屋まで後で来てくれ」と言うと、彼はいつも慌てて飛んできた。「何を言われるんだろう」とビクビクして構えてしまうのだろう。

こちらは別に説教したいわけではなく、ただ状態を知りたいだけなのだが、精神的にデリケートなところがある選手には、そこも踏まえて言葉をかけないといけない。

特に、外国籍選手とは、できるだけこちらからコミュニケーションを取るように心がけていた。練習でグラウンドに下りた時には極力、話すようにしていた。

例えば、コンディションはどうとか、休み明けなら家族のことを聞いたりした。調子そのものは練習を見ていれば分かるが、話しかけるという行為が大事なのだ。

さらにいえば、簡単なポルトガル語、韓国語などを話せるともっといい。そうすれば「なんでそんな言葉を知ってるんですか?」と驚かれて、相手の心に入りやすくなる。

トレーニングの日が何かの記念日だったら、例えば「春分の日の意味はな……」と、通訳に説明させて、コミュニケーションを図ったりもした。

言葉が通じない外国籍選手は、疎外感を抱きやすいものだ。

だから、常に「お前は私のチームの選手なんだ」ということを意識させる。それが、彼らのモチベーションにつながるのだ。

絶対にグループの外にいると感じさせてはいけない。そうなると彼らは途端に自分勝手なプレーに走り、チームにマイナス面をもたらすことになってしまう。だから、ロッカーのポジションもできるだけ中央にして、周りの選手たちが話しかけやすい環境に置くようにしている。

ストイチコフとベンチーニョの言い合い

外国籍選手とのコミュニケーションに気を付けるようになったのは、柏レイソル時代の痛い経験があったからだ。

当時、チームには元ブルガリア代表のフリスト・ストイチコフと、ベンチーニョというブラジル人選手がいた。ストイチコフはＪリーグ史上でもトップレベルの大物選手だったし、ベンチーニョも日本で確固たる実績を残しているストライカーだった。

最初は、二人が一緒にプレーすることに違和感はなかったし、言葉の壁はあるにせよ、お互いに気さくに接していて、いい雰囲気だった。

だが、チーム状況が悪くなると、お互いに主張が強く出るようになってきた。

ある時、ハーフタイム中に二人が喧嘩《けんか》を始めた。

最初はお互いの通訳を介してプレーに対する要求をしていたのだが、ベンチーニョが納得いかない様子を見せると、ストイチコフが思わず、「お前みたいな選手は、ヨーロッパには１００万人いる」と言ってしまったのだ。バロンドールを獲っているというプライドからつい出てしまったのだろうが、それで摑み合いになってしまった。

多国籍の選手が集まると、どうしても選手の中でランク付けが行われ、不満を募らす選手が出てくる。特に、試合になかなか出場できない選手のストレスは日増しに大きくなり、ライバルに対抗心を燃やしがちだ。

その喧嘩以来、話をする時は、必ず二人の通訳を呼ぶようにした。

私は差別したつもりはないが、ベンチーニョからすれば、バロンドールを獲ったこともあるスター選手のストイチコフは常にリスペクトされ、自分はないがしろにされていると感じていたらしい。

だからストイチコフの通訳だけ呼んで笑って話をすると、ベンチーニョは「そっちは笑って話をしているのに、俺には厳しい表情をしている」と捉えかねない。外国籍選手の本心というか本質を見抜けなかった自分の責任でもあるが、これはいい経験になった。

柏レイソルでは、もうひとつ外国籍選手に関する苦い経験があった。

2000年当時、柏レイソルには、ファン・ソンホン、ユ・サンチョル、ホン・ミョンボという輝かしい実績を持つ、3人の韓国の至宝がいた。3人が結束して力を発揮すれば、間違いなく優勝争いに絡めると思っていた。ところが大きな期待とは裏腹に、なかなかいい化学反応が起きなかった。

最初は、「なぜだろう」と、すごく不思議に思った。通訳によくよく話を聞いたら、大学がミョンボとソンホンは同じだけれど、サンチョルは違う。

韓国では大学の違いや先輩後輩の関係が日本人が思う以上に強く、また柏レイソルに至る経歴がまったく違っていた。ユ・サンチョルは二人よりも年下だったけれど、韓国代表では「俺が中心だ」という自負があったので、そのプライドが交わる雰囲気を打ち消してしまっていた。私生活でも3人でいることはほとんどなかった。

結局、それぞれのプライドがぶつかり合ってしまい、ピッチ上でのパフォーマンスは期待以上の結果は出なかった。もちろん自分の掌握力のなさのせいでもある。

それ以来、外国籍選手の獲得には注意を払い、日本の選手との関係や年齢、ポジションバランスを考えて獲るようにした。

「悪くないよ」の言葉の意味

私はあまり選手を褒めるタイプではない。

「悪くないよ」

褒めても、せいぜいその程度だ。

内容的にはもっと得点できてもいいと思う試合でも、自分を抑えて「決して悪くないよ」と言うし、逆に0－1で負けていても内容が良ければ、「そんなに悪くないよ」と言う。

思い通りのトレーニングができて、試合中に狙い通りのチャンスが作れても、点が入らない時はある。そういう時も「悪くない」と言葉をかける。戦い方にアグレッシブさが感じられるからだ。

ガンバ大阪の監督時代、選手たちは、そのあたりの感覚は分かってくれていたと思う。何の脈絡もなく、ただ、「悪くない」と言っても「何が？」と選手は思ってしまう。

例えば2－0でリードして、ハーフタイムに入ったとする。

一般的にはいい結果なのかもしれないが、自分の中では、もっといけるんじゃないの、と思える時がある。簡単に言えば、満足していないよということだ。

だから、もっと攻撃のテンポを上げていこうとか、具体的な情報を伝えた上で、彼らのモチベーションを維持するように「悪くないよ」とひと言添える。

パフォーマンスが悪くても、決して怒らない。選手によっては、怒ることで萎縮し、逆に消極的になって、プレーに支障をきたす場合があるからだ。

もちろん個人攻撃もしない。ミーティングでも、私が全体に向けて修正点の話をすれば、心当たりのある選手は、自分のことだと自覚する。それで十分なのだ。

ただ、ヴィッセル神戸を率いていた2012年7月14日の大宮アルディージャ戦で、DF奥井（諒）がミスした時は、名指しで強く言った。

DFの選手は、失点につながるような〝イージーミス〟は絶対にしてはいけない。この時はCKではなく、スローインで終わっていれば失点することはなかった。相手に、みすみすチャンスになるようなCKをプレゼントする必要はない。ワンプレーの厳しさが足りなかったのだ。DFとしての明らかな判断ミスだったので、ハーフタイム中に、厳しく言い伝えた。

ヴィッセル神戸には、まだ若く、状況判断で迷いのある選手が多かった。奥井を叱咤《しった》したのは彼だけではなく、そうした将来性ある選手たちに知らしめる意味もあった。

実際、J2を戦う2013年のシーズンの彼らの活躍は、目を見張るものがあった。

私の中での「悪くないよ」は、必ずしもスコアに左右されない。自分の手応えが基準になっている。

プライベートでは選手と距離を置く

選手とは、極力プライベートでは交わらないようにしている。

ガンバ大阪の10年間で一緒に食事をしたのは、監督を辞めた後、明神（智和）や中澤（聡太）ら６人の選手が開いてくれた送別会の席だけだ。

なぜ一線を引くのか。

選手をフラットな視線で見られなくなるからだ。個人的な付き合いをすれば、どうしても情が湧いてくる。それが、選手起用に影響を及ぼすようになってはいけない。

また監督が誰と食事をしていたとか、そういう話はすぐに広がり、他の選手の耳に入るものだ。もしその選手を次の試合に起用したら、何を言っても依怙贔屓《えこひいき》だと取られて、他の選手との信頼を損なってしまう。

それに選手は、監督が目に見えるところにいると絶対にストレスを感じてしまう。だから、私はクラブハウスの外ではあえて選手から離れた生活をしていた。

私はガンバ大阪の監督に就任した時、スタッフに選手の住所録と地図を用意させて、30名の選手の家の場所をマッピングしてもらった。選手たちからできるだけ離れた場所に、住居を構えようと思ったからだ。

私が近くに住んでいたら、選手もストレスが溜まるだろうし、レストランで偶然、一緒になったりするのも、お互いに気まずい。

マッピングすると、みんな万博記念公園の周辺に住んでいることが分かったので、私は正反対の御堂筋の方に住んだ。

だが、２００９年以降は、選手たちも結婚したり家庭環境が変わって、遠藤（保仁）や安田（理大）がこちらの方に引っ越してきた。

それ以降は、不健全だなと思いながらも、日課のジョギングも見つからないように夜にするようになったのだが、一番家が近い安田が、子供を抱きながら「監督〜」と声をかけてきたり、ということも出てきてしまった。

また、時間を見つけると適当に車を止めて神社仏閣を散策して回るのが趣味なのだが、「昨日、車見かけましたよ。何してたんですか？」と、選手に、ニヤニヤしながら声をかけられたこともある。

そこまで徹底しなくても、と思われるかもしれないが、選手が一度グラウンドを出たら、監督やコーチの存在はストレスになりかねない。彼らの生活のリズムを大事にしてあげたい、という意識が常にあったのだ。

マスコミを利用して敵を探る

アトランタ五輪代表の監督時代を始めとして、柏レイソル、ガンバ大阪、ヴィッセル神戸と、どの時代もよくマスコミには批判された。

基本的に記者が自分の見地で書いたものは、まったく気にしない。

しかし、選手がチームメイトやチームに対して発言した記事が出ると、話は別だ。

例えば、チーム批判をしているようなコメントが出た時は、その選手を呼んで「お前、こんなことを言ったのか」と、直接、選手に聞くようにしていた。

もちろん選手は「そんなつもりで言ったんじゃないですけど」と、弁明する。

記者が誇張して書いていることもあるだろうし、選手はたいてい、「そんなことは言っていない」と言うものだ。だが、火のないところに煙は立たない。言い方は違っても、それに近いことを話していなければ、そんな記事にはならないはずだ。

もしそういうことが続いたら、チームにとって大きな支障になりかねない。不満分子は必ず声を上げ、仲間を作りたがるからだ。それが広がらないように釘を刺すという意味でも、必ず選手に真意を確認する。

批判されるのは決して気持ちのいいことではないが、勝負事の世界に生きている以上、ある程度仕方ないことだと割り切っている。

ただ、何を調べてそうなったのか不明な憶測記事を書かれると、当然、腹立たしくもなる。実際、そういう記事を書かれたことがあった。

その記者とは顔見知りだったが、顔を合わせた時、こう言った。

「普段は擦り寄って来るのに、あんな憶測記事を書くのか。よく分かったよ」

そう言うと、焦って、「いや、そんなことはないんです」と、平謝りされる。

言い訳して、謝るぐらいなら最初から書くなよと思うし、こういうことをしていては日本のスポーツジャーナリズムはいつまで経っても成長しない。

監督を非難するのはまだしも、選手に対して非難するような記事を書くのはもっと許しがたい。

スポーツが大成する背景には、必ず成熟したジャーナリズムが存在する。スペインしかり、イングランドしかり、フランスしかり、ドイツしかりだ。

記者会見で監督と記者がぶつかり合うのも、日常茶飯事だ。それだけお互いにプライドを持って仕事をしているのだ。

日本のように1、2年で担当記者が替わってしまう現在の状況ではなかなか難しいのかもしれないが、選手や監督、チームに対して、媒体を使って何かを訴え要求していくのであれば、書く方もそれなりの見識と良識を高め、努力する必要があるのではないか。そういう環境がスポーツの魅力を広げ、発展させてくれる一翼になるはずだ。

少し余談になるが、2007年のヤマザキナビスコカップ決勝前日の記者会見でのことだ。決勝の相手は川崎フロンターレだった。相手のスターティングメンバーを探りたかった私は、この会見を使って、ある仕掛けをした。

ある記者が、私と川崎フロンターレの関塚（隆）監督の二人に対し、「明日の試合で、警戒しなければならない選手は誰ですか？」という質問をした。

関塚監督は当たり障りのない、遠藤（保仁）ら主力の名前を挙げていたと記憶しているが、私はGKの川島（永嗣）を皮切りに、自分が予想する相手のスターティングメンバー11人、全員の名前を挙げて、「警戒しているのは、彼らです」と答えた。

これで横にいる関塚監督はどんな反応を見せるか、顔色を見たかったのだ。はたして、私には「相当分析されているな」というような顔をしているように見えた。

当日、相手のスターティングメンバーは私の予想とは二人違っていたのだが、試合は１－０でガンバ大阪がものにした。

後日、記者は「あれは、前日の会見で勝負ありましたね」と言っていたが、もちろんそこまでの話ではない。だが公式会見の場を、事前の心理戦にうまく使って、ある程度の効果が上げられたのは確かかもしれない。

想像力

監督には、編成権が必要である

監督は、誰もが自分の理想とするチームを思い描くものだ。だが、クラブチームは代表チームとは違って、自分の思い通りの選手ばかりで構成することはできない。

ただ、監督に「編成権」があれば、必要な選手を慰留し的確な補強をすることができる。ガンバ大阪を率いて3年目の2004年から、私はその「権利」を得た。もちろん、すべての人事権を得たわけではないが、強化部と相談しながら、自分の要望をストレートに反映させることができるようになったのだ。

2003年シーズンのガンバ大阪は10位に終わったが、ロスタイムに被弾して敗れる試合が多かった。よくマスコミには「守備崩壊」と報じられた。実際、そのことをフロントから指摘されてもいた。

だが、私はまったく意に介していなかった。

それは、原因は私自身の戦略的な采配ミスと、攻撃の決定力不足にあると思っていたからだ。決めるチャンスがたくさんあるのに、決められない。攻撃陣が2点目、3点目をしっかり取れていれば、ロスタイムに慌てることはなかったはずだ。

確かに入れられてはいけない時間帯にゴールを奪われているが、それは100パーセント、守備の弱さが理由ではなかった。

編成権を得たシーズン、私はDFシジクレイ、DF渡辺（光輝）、MFフェルナンジーニョらを獲得した。シジクレイは、ボールを跳ね返すだけの守備的な選手ではなく、ビルドアップもでき、リーダーシップが取れる攻撃的なDFだった。

就任してからの2年間、遠藤（保仁）や二川（孝弘）、橋本（英郎）に「リーダーになれ」「全体を引っ張れ」と言い続けてきたが、人間の性格はそう簡単には変わらない。そこでメンタルの強い、有言実行タイプの選手が欲しかった。シジクレイはまさにそういう選手だった。

渡辺は守備を評価する人が多かったが、私はむしろ攻撃力を評価していた。運動量が豊富で堅実なプレーをする選手だ。

私は人に強く、ロングボールを跳ね返すだけのDFは求めない。1対1やヘディングの強さだけではなく、ビルドアップができ、オフェンスに影響を与えられるDFを好んでいた。

宮本（恒靖）、山口（智）はオフェンス力があるし、3バックでも4バックでも対応できる選手だった。現在、ガンバ大阪の中心選手で日本代表の今野（泰幸）も稀な攻撃力を持ち、かつ守備能力の高い代表的な選手。そういう選手が私の好むDFのタイプであり、起用する選手だった。

今野は、皮肉なことに私がガンバ大阪を去ってから移籍が決まった。私が監督だった頃、彼がいれば、さらに攻撃的なチームになると期待していたのだが——。

私が獲得した、個性的なプレーヤーたち

私が率いていた頃のガンバ大阪は、技術があって、スマートで、おとなしい選手が多かった。そのため、プレーが特徴的でインパクトがあり、チームのアクセントになれるような選手を新しく獲得しようと試みた。

２００８年に獲得した佐々木（勇人）と山崎（雅人）は、まさにそういう選手だった。

佐々木は、最初からマークしていたわけではなかった。たまたま天皇杯でモンテディオ山形と対戦した時、相手チームにいたのだが、非常にスピードがあって、突破力もある。いわゆるサイドアタッカーでガンバ大阪にはいないタイプだった。その後、すぐに獲得に動いた。

山崎もプレーは荒削りだが、とにかくガムシャラに動くし、運動量が豊富。播戸（竜二）と似ているが、ガンバ大阪では希少なタイプだった。

彼らを獲得したのは、チームの中盤の構成を変えるためではなかった。

90分間の試合の中で流れを変えたい時には、アクセントになる選手を途中から起用するの

が効果的だ。彼らはその役割を担ってくれた。

佐々木は２００８年シーズンに19試合に出場し、１ゴールを挙げた。山崎は、30試合に出場し、４ゴールを挙げた。試合数の多かった２００８年、ＡＣＬを獲れたのは、二人の存在が非常に大きかったのは間違いない。

ただ、試合が停滞している時に投入された選手は、自分が状況を変えてやる、という強い意志を持ったプレーを、限られた時間の中で見せなければならない。

２０１１年5月29日、アウェイの川崎フロンターレ戦のことだ。後半開始時に、二川（孝弘）に代えて佐々木を投入したが、あまり機能せず、後半42分に交代させたことがある。これは、佐々木がバックアッパーの使命をまるで理解していないがゆえの交代だった。

残念ながらその時の彼は、状況を変えるどころか、チームの流れの中でまるっきり存在感を示すことができず、逆にいることでのマイナスを感じた。まったく投入した意味がなかったわけだ。

途中出場、途中交代の憂き目にあった佐々木も、「コノヤロー」と思ったのだろう。翌週の練習では気持ちが入っていたし、紅白戦でもレギュラーを凌《しの》ぐいいプレーを見せた。

編成に必要な3つのリスト

翌年度の編成について、強化部との話し合いがスタートするのは、毎年夏を過ぎてからだ。その際、私はチームの状況や成績を踏まえて、所属選手を3つに分類する。チームにとって必要な選手、外に出して経験をさせる選手、そして戦力外の選手の3種類だ。その上で、新しく獲得する選手のリストを共有する。

私が戦力外にカテゴライズした選手についても、フロントから「この選手は、契約が残っているから残してほしい」と、言われることもある。

そういう時は、「今はレギュラーかもしれないが、来季は分からない。だったらこの選手の代わりに、このチームのこの選手を獲得してきてほしい」と、はっきり言う。チームで出場機会がなく、燻《くすぶ》るよりは外に出て、活躍できるチャンスを与えてあげた方が選手のためにもなるからだ。

チームでなかなか出場機会を得られない若手については、「この選手は、出場機会が得られそうな他クラブに期限付きで一度出して、その後に戻した方がいいんじゃないか」という話をすることもあった。

外国籍選手については、フロントから「今度、こういう選手が獲れそうだけど」という情報を常に上げてもらっていたし、そこで「それはいい。ぜひお願いします」「いや、それは必要ない」という話がスムーズにできていた。こうしたチーム編成のプロセスは、すべてチームを進化させるためのものなのである。

一方、チームからはゼロ円提示されたが、私が残ってほしいと思った選手には、私から一声かけるようにしていた。

2005年、リーグ優勝した後、戦力外通告を受けた實好（礼忠）がそうだった。實好には「残ったとしても、どんな立場になるんですか」と聞かれたが、「競争になるけれど、戦力として考えているので一緒にやってくれないか」と答え、最終的に再契約した。

選手は減俸されれば、他クラブの評価と比較検討するようになる。それは、プロなので当然のことだ。

よく私の部屋に顔を出していたある選手は、「もうサブに甘んじたくないので、外に出ます」と、話をしに来た。私は「お前は必要な選手だが、考えは尊重するし、ガンバよりも評価してくれるオファーがあればいいと思う」と、彼に伝えた。

ガンバ大阪にいた頃、フロントから、「この戦力で戦ってくれ」「この選手でやってくれ」という押しつけは一切なかった。むしろ、自分が要望した選手については積極的に獲得してくれた。

例えば2005年、本当はJリーグでの実績もある大型FWの入団が90パーセントぐらい決まっていたのだが、私は、清水エスパルスとの契約が濃厚だったアラウージョとの交渉を優先してもらった。1パーセントでも獲得の可能性があるのなら、チャレンジしたかったのだ。

最終的にアラウージョは清水エスパルスとの折り合いがつかず、土壇場でひっくり返って獲得することができた。その彼が大活躍して、2005年はリーグ優勝につながったので、余計に感慨深いものがあった。

外国人を獲得する時の判断基準

外国籍選手を獲得する時も、明確な基準がある。

日本でプレーした経験があり、かつ契約が満了する選手。実際に自分の目でパフォーマンスを見た選手。日本の生活環境に慣れた選手。その３つの条件は欠かせない。その考えに至ったのは、過去にいろいろ失敗してきたからでもある。

２０１０年は、ブラジルのポルトゲーザからゼ・カルロスを獲得した。ブラジルから取り寄せたプロモーションビデオでは、スーパーな動きを見せていた。「こんな本格派のＦＷがいてくれたら最高だ」と思い、獲得した。

ところがキャンプ初日、体重が10キロも増えて、とてもアスリートには見えない、人違いかと思いたくなるような選手が現れた。彼は、そのまま体を絞り切れず、何もできないままチームを去った。

毎年、強化部が外国籍選手のビデオを机の上に置いてくれたが、ビデオを見ただけで、補強を決めることは絶対にしなかった。その映像がいつの時代のものなのかはっきり分からないことが多いし、いいところ取りをしたビデオを見たところで、その選手の本質など分からない。もし、ビデオで見て気になる選手がいても、必ずスタッフに実際に見に行って調査してもらっていた。

例えば、ブラジル人の選手を獲りたければ、チームにいるブラジル人コーチに聞いた方が早い。「こういう選手、知っているか?」と聞くと、「この選手は、私生活に問題があって前のクラブを退団しました」など、簡単に情報が入る。日本でプレーしている外国籍選手なら自分の目で見られるし、性格や家族などの調査も容易だ。

アラウージョを始め、マグノアウベス、レアンドロ、バレーらは、すでにみなJリーグでの経験があり、自分の目で見て確信を持てたので、獲得に動いた。そして、彼らはみな狙い通り、十分な働きをしてくれた。

外国人ストライカーを積極的に起用した理由

攻撃的なサッカーとは何か。それは〝攻撃が完結できる〟サッカー、つまり得点ができるサッカーである。

その鍵となるセンターフォワード（ＣＦ）は、ＧＫと同じく、特別なポジションといえる。特別な練習をして、特別な個性を持っていなければならない。エゴを押し出してでも、自分が「決めてやる」という強い意志も必要だ。

ガンバ大阪時代、私はＣＦには、得点力に特化した外国籍の選手を起用することが多かった。こと〝得点を挙げる〟という能力に関しては、やはり彼らに一日の長があったからだ。

日本人では、2004年に20ゴールを挙げた大黒（将志）も、ゴールハンタータイプの選手だ。

昨今、ポリバレントで複数の違うポジションをこなせるFWの価値が高まっているが、私はそういう選手は、本格派のストライカーではないと思っている。

ストライカーは点を取ることに貪欲で、常にゴールを狙うことに集中している。劣勢な状態でも、その選手がいるだけで得点の匂いがするような空気を持っていることが必要だ。そういう選手は日本人には少ない。海外で活躍している日本人選手を見ても中盤の選手は多いが、ストライカータイプはいないのが現状だ。

特に、ガンバ大阪は、パスを回しながらポゼッションができるチームだった。だから、スピードやフィジカル面で優れているだけではなく、パスサッカーに慣れていてゴールを狙えるストライカーが必要だった。周囲の選手とうまく絡めないと、中盤を押し上げた分厚い攻撃ができなくなる。

ただ2トップの場合は、できれば二人とも外国籍選手にすることは避けたかった。長い目で見れば、日本人ストライカーを育成しなければいけないし、それが日本代表の強化にもつながる。だから、外国籍選手と日本人選手を組ませて、彼らの良さを吸収してほしいという思いもあったのだ。

だが2011年、アドリアーノと宇佐美（貴史）がいたシーズンの序盤は、二人のコンビネーションが機能しないこともあり、苦しんだ。

最初、アドリアーノと宇佐美の2トップにしたが、それではアドリアーノが機能しなかった。そこでアドリアーノを1トップにして、宇佐美をサイドに置くと、今度は宇佐美が攻撃したまま戻って来ない。そのため、トップ下に置いた。

両サイドにはイ・グノ、佐々木（勇人）や二川（孝広）を起用した。これで1トップ3シャドーになったが、イ・グノや佐々木が両サイドに入ると縦に抜けるスタイルになるので、どうしてもクラシカルなカウンターサッカーになってしまう。

決してそのスタイルが悪いわけではないが、結果的に、ガンバ大阪独自のパスサッカーが影を潜め、迫力に欠ける単発の攻撃になってしまった。

結局、宇佐美がドイツのFCバイエルン・ミュンヘンに、アドリアーノが中東に移籍。ザスパクサツ群馬からラフィーニャを獲得し、ガンバ大阪は元のパスサッカーを取り戻した。

センターフォワードの選択は、チームのスタイルそのものにも影響する。どうしても点を取る方向にチームが偏っていくので、獲得した選手のプレーに合った戦術を選択していかないと、チームが機能しなくなってしまうのだ。簡単に言うと、CFのプレーに周囲が合わせてしまうということだ。

またスピードも、テクニックもある選手が、チームにフィットするだろうと思っていても、いざチームでプレーさせると思ったようにうまくいかないこともある。

ストライカーを見極めるのは、単純そうに見えて難しいのだ。

ユースから昇格させることの難しさ

選手補強には、ユースから昇格させるというやり方もある。

大金を投じて有名な選手を外から獲得するよりも、いい選手を育成してトップチームに上げていくのは、クラブのあるべき姿だ。Jリーグが目指す「地域密着」の観点からしても非常に重要だ。地元で育った選手がチームでプレーすれば、より多くの人に支えられるだろうし、ファンも増える。

ガンバ大阪は過去、ユース組から宮本（恒靖）や稲本（潤一）、橋本（英郎）、二川（孝弘）、大黒（将志）らを輩出したこともあり、育成部の影響力が大きかった。だから、基本的には育成部の判断で昇格させていたのだが、どう見てもトップでは難しいという選手が上がってくることもあった。

そういう時は、「この選手はトップに上げられるレベルか。違う選択を考えた方がいいだろう」と言わざるをえなかった。

トップチームのレベルが高ければ高いほど、ユース上がりの選手がプレーできる機会は限られてしまう。仮に補強しなければならないポジションがあったとしても、即戦力として他チームから獲得する選手の方が、どうしても優先順位が上になる。その結果、ユース上がりの選手はレンタルに出さざるをえなくなったり、レベルダウンして退団していく羽目になる。

2006年は、ユースから6人もの選手が昇格し「G6」と呼ばれたが、その時も、まさにそんな感じだった。しかも大量に同期と一緒に上がったものだから、彼らの意識は、いつまでもユースの延長で、なかなかプロ意識が芽生えない。

逆に、松下（年宏）のように一人で高校から入ってきた選手の方が逞《たくま》しく、成長していった。

彼には高校サッカーの厳しい環境で揉まれてきた逞しさがあった。クラブユース育ちの選手は確かに技術はある。だが言葉は悪いが「緩さ」を感じることもあった。

監督にとっては強化とともに、もちろん育成も重要だが、シーズンに入るとそこに時間を掛けられない。そこで、アシスタントコーチの松波（正信）や實好（礼忠）に指導を任せた。私は、あまりにもレベルが違う選手たちが一緒に練習しても、お互いのためにならないと考えている。これは、トップチームと育成部の見方の違いによるところが大きい。

これを解消するには、まずは、欧州の強豪クラブのように、すべてのカテゴリーでチームのスタイルを共有し、そのピラミッドの頂点にトップチームがあるという組織に、根本から変えていく必要がある。

そのためには、下部組織の環境整備にもっと投資が必要なのは言うまでもない。その上で、トップチームの指導者が下部組織にも目を光らせて、気になる選手がいたらトップチームの練習に参加させて、また戻して、ということを繰り返しながら見極めていくしかないだろう。それがクラブ運営の正しい姿でもあるのだから。

チームに貢献できる選手の条件

右サイドバックは、加地（亮）が不動だったが、怪我で抜けることが多くなり、長年、バックアップの選手を強化部に要請していた。

サイドバックは、最も補強が難しいポジションだ。アップダウンを繰り返すフィジカルの強さ、守備、攻撃力など総合的な能力が求められる。

しかし、当時右サイドバックはJリーグを見渡しても人材難のポジションで、非常に難しかった。レギュラークラスを確保するのは非常に困難で、かといってレベルを下げた選手を獲得しても意味がない。結局、毎年、補強できないので、既存の選手でやりくりするしかなかった。

2008年は、シーズン開幕前に加地が怪我をしてしまった。しかし、控えはいない。そのため、バックアッパーから右サイドバックを選択せざるをえなくなった。

そこで私は、サイドバックの経験のない、ある選手を抜擢《ばってき》することにした。彼はスピードもあり、運動量も豊富だ。サイドバックに必要な条件を満たしている。そこで「加地が戻るまで右サイドバックをやってくれないか」と打診した。

彼は「やります」とふたつ返事で了承してくれた。

だが数日後、トレーナーに「本当はやりたくなくてさあ」と愚痴をこぼしているという話が私の耳に入ってきた。

不慣れなポジションで結果を出せず、自分の評価が下がるぐらいなら出場しない方がいいと思う選手もいるだろう。本来のポジションで勝負したいという気持ちもよく分かる。逆に自分が入ることでチームに迷惑をかけてしまうとか、ネガティブなイメージを持ってしまう選手もいる。

私は、選手を一時的に異なるポジションで起用する時、初めから１００パーセントこなせるとは思っていないし、そこまで私も期待していない。自分のやれるプレーをして、少しでもチームに貢献してくれればいいのだ。

そこで仮にプレーがうまくいかなくても、そのポジションに合わなかったんだ、できなかったんだという判断をするだけである。その選手の本来の価値や能力に何ら影響を及ぼすことはない。サッカーはチームスポーツである以上、誰かが抜けた穴は全員で埋めなければならない。それだけのことなのだ。

ストイックかつ、遊び心と余裕を

ストイックでさえいれば、プロフェッショナルなのかといえば、そうでもない。私もかつては、すべてにこだわりとストイックさを貫く野球選手のイチローの姿勢を引き合いに出して、選手に話をしたこともある。

きちんとした食生活を送り、休み、練習する。単調な日常の中で、それぞれのクオリティーを少しずつ上げていくことが、何より大切だ。

ただ、サッカーは野球のように監督のサインに従ってやるスポーツではない。瞬間ごとに自分で判断をしていかなければならないので、プレーには想像力も必要になる。

もちろん相手との駆け引きも重要だ。そういう中で余裕を持ち、遊び心を出せれば面白いアイデアが生まれやすい。

私は、よくFWの選手に「なぜ、あんなに慌ててシュートを打つんだ。慌てているのは相手のDFの方なんだから、お前が慌てる必要はない。もう少し相手を見て、GKの位置を確認して、打ってみろ」と言う。

どうしてもフィニッシュになると緊張感が出るが、しかし、そこで余裕や遊び心が持てると相手DFが寄ってきて窮屈な状況になっても、股間を抜くシュートで相手をかわすこともできるのだ。

選手として、心身を磨くためにはストイックでもいいと思うのだが、それがイマジネーションにつながるかというと、また別問題だ。

そう思うようになったのは、サッカーの競技性を改めて見直したからだ。相手を騙《だま》したり、ずる賢さを発揮して相手の逆を取る。サッカーは、イマジネーションとクリエイティビティが必要な競技なので、「心の余裕」というものが大切になってくると思うのだ。

では、遊びながら練習すればいいのかといえば、もちろんそうではない。

プロとして活躍し、素晴らしいプレーの対価として、多くのファンに支えられていることを考えれば、遊び心は必要だが、遊びながらであってはならない。ファンに伝わる、他の選手には決してマネのできない、自分にしかできない技を披露する義務がある。

チームにはいろんな選手がいる。凄い守備ができる選手、得点能力の高い選手。そういう特徴がなく、ベースはアベレージでもいろんな状況下で献身的にチームのためにプレーし、その上で自分のパフォーマンスを発揮する選手もいる。私は、そういう選手が好きだし、そういう選手とチームを作りたいと思っている。

第2章

勝つ采配とチームマネジメント

交代カードは勢いで切るな

選手交代のカードの切り方は、非常に難しい。試合の流れを読み、どんな選手を起用するか。そのタイミングと選手の起用を見誤ると痛い目にあう。

2000年のJリーグ・2ndステージでのことだ。

当時、私が率いていた柏レイソルは、鹿島アントラーズと優勝争いを演じ、最終戦はその鹿島との雌雄を決する直接対決になった。引き分けでは鹿島の優勝。自分たちは絶対に勝たなければならなかった。優勝が決まる試合のせいか、どちらも動きが硬く、0－0のままで試合が流れる。延長Vゴールシステムが初めて採用されたシーズンでもあり、延長に入っても試合は動かない。

私は、そこまでに交代のカードを1枚切っていた。このタイミングでFWの交代要員を入れるべきかどうか非常に迷った。

最終的に切ったカードは、FWではなく、中盤の選手だった。中盤の主導権を握ってチャンスを膨らませるために投入したのだ。だが、試合の流れを変えることができず、0－0のままで終わり、優勝を逃してしまった。この時は、自分の判断が消極的だったと深く反省した。

２００６年度の天皇杯決勝（２００７年1月1日）の浦和レッズ戦もそうだった。

試合は、ガンバ大阪が一方的に押していて、いつ点が入ってもおかしくない状況だった。正直、これだけ圧倒した天皇杯の決勝は見たことがないぐらいだった。だから、最後まで、必ずこのメンバーで崩せるはずだし、崩さないとダメだと、腹を括《くく》って見ていた。

だが、後半43分に永井（雄一郎）にゴールを決められてしまう。

０－０のまま延長に入ったら、積極的に選手を代えて、状況を変えていこうと思っていた。そう考えていた矢先に決められたので、正直、慌ててしまった。

結局、この試合もカードを切るタイミングを逸して、そのまま０－1で敗れてしまった。

メンバーを代えなくても押し切れるという自分の考えを貫いての敗戦だったが、指揮官としては、勝利のために最後の最後まであがくべきだった。

動かずして敗戦するほど無策なことはない。やはり、拮抗した試合では判断に猶予はないのだと痛感した。

もちろん、選手交代が功を奏して勝てた試合は、いくつもある。だが、いつも思い出すのは、そのカードを切れず、躊躇《ちゅうちょ》して、最終的に負けてしまった試合のことだ。

その悔しさが、采配面における自分の糧になっている。

逆に、勢いで選手交代のカードを切ってしまって、痛い目にあったこともある。

1996年、アトランタ五輪第2戦のナイジェリア戦だった。

0－0のまま試合が流れ、後半30分に、DFの田中（誠）にアクシデントが起こった。

だが私は絶対にプレーを続行させるつもりだった。田中は、代えの利かない守備の要だったからだ。しかし、ドクターがバツを示して、田中も厳しい表情をしている。

交代すれば自分が考えていたプランが崩れてしまうが、かといってこのまま一人足りない状況にさせておくわけにはいかない。

交代する選手の選択肢は2つあった。対ナイジェリアということを考えると、ファーストチョイスとして頭に浮かんだのは、フィジカルの強いタイプの選手だ。

ベンチを見て、その選手を呼ぼうとしたが、彼はまったく準備をしていない。「マコ、大丈夫かよ」という顔でベンチに座っている。

視線をずらすと、セカンドチョイスの選手が、凄い勢いでアップをしている。山本（昌邦）コーチが傍《そば》に行って確認すると、すぐにでも出場できる状態になっているようで、本人も「俺に任せろ」という気配をぷんぷんさせている。

一人足りない状況をいつまでも続けるわけにもいかず、その勢いのままセカンドチョイスの選手に行かせた。しかし、入った直後、守備が不安定になり、先制された。さらにＰＫを取られて、結局０－２で敗れた。

ドローで終わらせることができれば、決勝トーナメントへの道が開けたはずだった。だが、つい目先の選手の勢いに負け、選手交代の判断を誤った。これには、自分自身にガッカリだった。

チームのアクセントになる選手を投入する

途中交代で選手を送り出す時、私はいつもチームにどんな化学変化が生まれるのか、想像してから投入する。その時々のピッチ上の状況、自分たちのコンディション、ゲームの流れなどを踏まえて、アクセントになりうる選手を選ぶ。

特にチームが追い込まれている時は、交代選手に私の期待通りのプレーをしてもらい、チーム全体に水を与え、戦況を変えてほしい。勝利につなげるために自分が投入されているのだということを、自覚してピッチに入ってほしいのだ。

山崎（雅人）や播戸（竜二）、佐々木（勇人）のように、交代選手が勢い良くピッチに入ると、ムードも上がる。

中には、選手交代がありそうな雰囲気が出ると、「俺を使ってくれよ」と言わんばかりのアピールをしてくる選手がいる。彼らみたいなタイプは、試合が拮抗し、ドンヨリしている時に出場させると、ガラリと空気を変えてくれる。

途中交代の時に、選手同士がタッチするのはチームの約束事にしていた。勢い良くピッチに入る姿勢は、チームに活気を生むからだ。

そのためには交代カードの切り方も重要になる。バックアップで、自分が呼ばれそうだなと思ったのに、違う選手が呼ばれ、2番手、3番手になると途端にモチベーションを落としてしまう選手もいるのだ。

そういう選手は、交代選手の2番手になると、呼ばれてからレガースをしたり、靴ヒモを結んだり。こっちが「早くしろ」と言っても、いつもの半分以下のスピードでピッチに入っていく。

バックアップの選手は、だいたい試合前日までの練習で自分が出る状況をシミュレーションしている。これは私が勝手に思い込んでいるわけではなく、練習や前の試合の流れから監督の考えを理解してくれていると思っている。

だから、試合で自分の想定と違う起用をされると気分を害し、態度にも出てしまうことがある。前の時と同じ状況なのに「なぜ、俺じゃないのか」という気持ちになってしまうのだ。そういう反応が見えたらきちんと説明をしなければならない。

ハーフタイムの15分間をどう使うか

ハーフタイムの15分間をどのように使うか。これは監督にとって、試合中における大事な仕事のひとつだ。

選手交代やポジション変更の時は、私は選手よりも先にロッカールームに入り、選手が入ってくるタイミングを見計らって、ホワイトボードの前に立つことにしている。

ホワイトボードには、あらかじめ選手の背番号の入ったマグネットを置いて、すぐに理解できるようにしておく。そうすると、ロッカールームに戻ってきた選手は、私がホワイトボード前に立っているのを確認してから、席につくことになる。この時の私の立ち位置が、自然と選手へのメッセージになっている。私が選手に対して背を向け、ホワイトボードに向かって立っている時は、何かしらの変更があるということだからだ。

ハーフタイムは15分ということになっているが、実際に監督が指示に使える時間は、もっと短い。

夏だと、冷水のシャワーを浴びる選手もいるし、ストレッチをしたり、マッサージを受ける選手もいる。シャワーを浴びに行ったままなかなか戻ってこない遠藤（保仁）のような選手もいる。レガースも取らないで上だけ着替え、お祈りをしている外国籍選手もいる。そうしているうちに、アッという間に時間が過ぎていく。

当初は、選手全員が落ち着くまで待ち、みんなが座ってから話をしていた。

まずは疲弊した体をメンテナンスして落ち着かせ、興奮した精神状態をフラットに戻すことが第一だからだ。

だが、そうなると本当に時間ギリギリになってしまい、話が全選手に伝わらない。それを防ぐためには、選手がロッカールームに入ってきたらすぐに情報を共有して、「変わるんだ」ということだけでも、頭に入れさせておいた方がいい。

選手全員を集めて声をかけるのは、後半開始直前だ。前半の戦況、結果を踏まえて、後半にオフェンシブに入るのか、ディフェンシブに行くのか。全員に共通理解をさせる必要がある。

また個別に指示を与えることもある。例えばＤＦの選手には、このポイントを後半から修正すれば大丈夫だとか、できるだけ具体的に指示をする。大量リードをされたり、最悪の出来で、精神的にダメージを受けている時は、「後半はこの選手を入れるから、こうやって戦えば点が取れるし、ひっくり返せる」と、活を入れることもある。

ガンバ大阪の選手は、基本的におとなしく、選手同士の会話も少ない。だから、普段のリーグ戦の時は、勝っていても負けていてもロッカールーム内は比較的、静かだ。ベテラン選手が多いせいもあるだろうが、自分のすべきことを粛々とこなしている。

それが許されるのは、長い間一緒にプレーしており、あまり話をしなくてもお互いのイメージが共有できているからだ。だから、改めて会話をしなくてもいいという感覚なのだろう。

だがトーナメントのファイナルなど、ビッグゲームになると、ロッカールーム内の空気は一変する。みんな、少しナーバスになっているのか、「後半はもうちょっとハードワークをしよう」とか、普段はない声が聞こえたりもする。気持ちが高揚しているせいだろうが、日頃からそのくらいの気持ちでやれば、もっといい試合ができるのにと思うくらいだ。

ただ、そんな選手たちも、2010年ぐらいからは少し変わって、普段からよく話をするようになった。

イメージの共有は、永遠には続かない。体力的な問題やイメージの枯渇、新しい選手との関係などでズレが生まれる。それに気が付いた時、彼らは足りない部分を言葉で補うことが必要だと理解したのだと思う。それまでのチームから一歩前に進み、成長するためには必要なことだった。

試合後のロッカールームでの過ごし方

試合後のロッカールームでは、勝った時は特別に何もしない。当然、雰囲気もいい。だが、負けた時、特に優勝争いに敗れた時などは、非常に重苦しい雰囲気になる。ボーッとして椅子に座ったままの選手がいたり、いつも以上にトリートメントに時間を掛ける選手がいたり……。

若い選手がＦＷのブラジル人選手に通訳を通して、「こういう時はこうしてくれ」「なぜパスを出してくれなかったんだ」などと、話をしている場合もある。

ＤＦの選手は、失点のシーンなどを振り返って話をしているケースが多い。

あまりにも深刻な表情で話をしている時は、私が間に入って話をすることもある。ＤＦの選手は、中盤やＦＷの選手よりも、ポジション的に敗戦の責任を重く背負ってしまいがちだからだ。

ただ、彼らの間に入っていくのは、フォローするためではない。単純に、守備についてその場で微修正できればと思うし、「どうでしたか」と素直に聞いてくる山口（智）のような選手もいるので、それに率直に答える感じだ。何も言わずに不満を閉じ込めて、また新しい週を迎えるよりも、選手同士で話し合った方が問題解決の糸口は見つけやすいし、精神的にもリフレッシュして次に挑める。

選手というものは、負けた時はなかなかロッカールームから引き揚げられないものだ。だがホームの場合はいいが、アウェイで飛行機や新幹線の時間が迫っている時は、のんびりもしていられない。監督としては、重たい背中を追い立てるようにロッカールームから出さなければならない。

私自身は、試合後の会見では淡々としているように見えているのか、「勝っても負けても冷静ですね」と、よく言われる。だが、ときには会見をボイコットしたくなったり、記者に対して八つ当たりしたくなる時もある。

公の場ではあまり感情を出さないようにしているのでそう見られがちなのかもしれないが、ときにはベンチでいろいろ考えすぎて、単に疲れているだけのこともある。

ただ、多くの場合は、試合終了後から記者会見までの短い時間の中で、常にチームの修正と次のプランを考えているので、淡々と試合のことを振り返っているように見えるのだと思う。

練習メニューは極力変えない

私はガンバ大阪を率いていた10年間、1週間の練習スケジュール、練習量を、極力変えなかった。

もしかしたら、単調すぎて刺激が足りないと思う選手もいたかもしれない。

だがあえてそうしたのは、選手たちに日常のカレンダーを頭に入れさせておいて、常に全体の流れを把握させておくためだった。その方が体のバイオリズムを整えやすいだろうし、試合に向けて、フィジカル面でもテクニック面でも、コンディションを作りやすいはずだ。

例えば、土曜日に試合があった場合、日曜日の朝9時半から、スターティングメンバーはプールでフィジカルの回復トレーニングとトリートメントをする。

プールが終わった後、一度、クラブハウスに戻らせ、編集した前節の試合のビデオを1時間ほど流して見せる。その狙いは、チームの戦術的なチェックではなく、個人のパフォーマンスチェックだ。いいところ悪いところを自分で把握させる。

月曜日はオフ。だが私自身は、次の週末の試合のプランを練り始めていて、次の対戦チームの選手の情報、怪我人、累積警告による出場停止などの情報を得て、チーム分析をして、戦い方やバックアップメンバーの人選などを考えていく。

火曜日、水曜日の練習を見て、試合へのイメージを膨らませていくが、ここでの練習の目的は、まずフィジカルコンディションを統一させることだ。出場時間が少なかったり、バックアップメンバーにも入らなかった選手たちも含めて、体力面を高いレベルでコントロールしておく必要がある。さらに、守備陣、攻撃陣に分かれてテクニカルな修正をかけるトレーニングを行う。

シーズンに入ると、フィジカルをいかに維持していくかが鍵となる。

当時のガンバ大阪は、攻守の切り替えの早い、アグレッシブなアクションサッカーを目指していた。それを試合を通して実現するためには、テクニックのみならず、高いフィジカル能力が必要だった。厳しい練習のかいあって、ガンバ大阪は後半の最後にも点を取るパワーに溢《あふ》れていたし、相手よりも勢いがあった。

木曜日、ミーティングで対戦相手のビデオを選手たちに見せた後、非公開練習で紅白戦を行う。

紅白戦で一番重要なのは、スターティングメンバーの統一感だ。

その際、事前のミーティングで「このメンバーで行く」と発表し、相手の予想メンバーや戦い方についても選手に周知させる。ホワイトボード上の相手チームの選手の名前のところにスターティングメンバーの選手の名前のマグネットを置き、マッチアップさせるのだ。

紅白戦では、最後の残り10分ぐらいにバックアップメンバーの一人か二人をレギュラーチームに入れて、いろいろな状況を想定し、試してみる。

紅白戦でレギュラーチームの動きや対戦チームに対する戦術的なアプローチがあまりうまくいかなくても変更したりせず、決めたメンバーで試合に臨む。紅白戦は必ずといっていいほど、サブチームの方がモチベーションが高く、レギュラーチームが押される傾向にあるからだ。

試合前日は、戦術的な練習は避ける。ミニゲームなどで、リラックスして調整していくようにする。試合前日に密度の高い練習をしても、決していい方向には転ばない。ただ、負け試合が続いていたり、チーム状態が深刻な場合、練習を非公開にして、ゲーム方式で簡単に戦術の確認や微修正をすることもある。

遠征には、国内であればベンチ入りメンバーだけで行く。選手のコンディションによっては、プラスアルファで一人多く連れて行くこともあるが、国内でナイトゲームだと当日でも呼べるので、基本は18人で行くことにしている。

練習をあえてルーティーン化する理由

試合翌日のプールでの回復トレーニングは、ずっと変えなかったルーティーンのひとつだ。

かつてはプールの前に、グラウンドでのリカバリートレーニングを入れていた。だが、グラウンドからまた違う場所にあるプールに行って回復トレーニングをするのは、早く休みたい選手にとっては苦痛でしかないし、ストレスも溜まる。それなら最初からプールだけで終わらせた方がいい。

週末だけ試合が組まれている時はいいが、水曜日など週の中日に試合が入る場合は、スターティングメンバー組以外にも、個別にプールに行かせる。

選手たちも、最初は文句も言わずにやっていたが、ナイターの翌日でもずっとこの習慣を変えなかったので、選手はいつしか「また、9時半かよ」と、嫌な顔をするようになった。ある時、キャプテンが「ナイターの翌日は、もう少し後に時間をずらせませんか」と、言いに来たこともあった。だが私は、ルーティーン化した日々の生活をしっかりやって、積み重ねていくことが大事だと思っているので、基本的にそういう意見は聞き入れないことにしていた。

またオフ明けでも、朝に血液検査をして、疲労度の高い選手はグラウンドでのトレーニングを回避させて、そのままプールに行かせることもある。連戦になると疲労度が高くなり、いいパフォーマンスができない選手が出てくる。

そういう選手を見極め、ドクターと相談しながら個別に対応していかないといけない。第1章で述べたように、選手は、試合に出たいがゆえに、自分の不調のサインをできるだけ隠そうとすることがあるからだ。

そうした試合出場に意欲を見せる選手がいる一方で、連敗した後などは著しくモチベーションを低下させる選手もいる。また、オフ明けにリハビリから入る選手もいる。

完全な準備ができない選手はいくらレギュラークラスであっても次の週末の試合への起用は考えざるをえない。技術、戦術眼のある選手よりも、苦しい状況下で「自分がやってやる」という気持ちを出している選手を揃《そろ》え、モチベーションの高い選手を起用したいと思っている。

ガンバ大阪のベテランは経験値が高いせいか、苦しい状況下でも弱音を吐かないメンタルの強い選手が多かった。そういうベテランの奮起する姿を見て、若い選手は学び、チームのスピリットが受け継がれていくのだ。

試合前の験担ぎ

ジンクスに固執する方ではないと思うが、私も試合前に多少の験担ぎはする。

例えば、勝利が続いている時に着ているスーツは、クリーニングに出さないで着続けるし、負ければ新しいスーツに取り替える。ただ勝っていても、汚れてくたびれてくればさすがに替えてしまうし、何がなんでもということはない。実際、雨の日は、ジャージに帽子というスタイルが普通になっている。

スーツを着るようになったきっかけは、1996年7月21日、アトランタ五輪のブラジル戦だった。それまではずっとジャージでベンチに入っていたので、その日もジャージのままスタジアムへ向かうバスに乗り込んだ。だがふと気付いたのだ。

「相手の監督は、世界のマリオ・ザガロだ！　これじゃ、あまりにも失礼ではないか」と。

それで慌てて、ホテルの部屋に戻り、スーツとネクタイを引っ張り出して、着替え直したことがあった。それが、初めてスーツで臨んだ試合だった。

その後、柏レイソルで監督になった時も、スタッフから「スタッフとの違いが分かるようにしてください」と言われたこともあって、いちいち服装を考えるのも面倒だし、だったらスーツにしようと決めた。

また、ガンバ大阪時代、ホームでの試合前日は、必ず左車線をゆっくり走るようにしていた。万博記念公園内のクラブハウスに行く道路は一方通行の環状線で、車線は広いところで3レーンある。普段、練習に行く時は、少し急ぎながら真ん中の車線を走るのだが、試合前は気持ちを落ち着かせ、余裕を持ちたいという気持ちが無意識に働いていたのかもしれない。

ちなみに、遠藤（保仁）が同じ左車線の前でさらにノロノロ走っているのを見かけたこともある。

ホームゲームの時、試合前に勝負飯として食べるのが、「うどん」である。セルフサービスになっているので、生姜、山芋、擂り胡麻、葱をたっぷり入れる。トッピングの量が多く、山盛りになっているので、選手も驚くほどだ。ただ、葱は遠藤も大好きで大量に入れるので、品切れになっていることが多かった。その時は、必ず追加してもらっていたが。

ガンバ大阪は、ホームゲームでは親会社の関係施設に前泊する。

私の部屋は、毎回6階の一角に決まっていた。実は私にとってそこは非常にスペシャルな部屋だった。

部屋から建物と建物の間の狭い隙間に、ちょうど太陽の塔がピッタリと収まる感じで見えるのだ。わずかな隙間に入る太陽の塔は、5階からも7階からもこの状態では見えないらしく、歴代の監督の部屋として使用されてきたという。

初めて見た時、本当に驚いた。そして、あることを思い出したのだ。

昔、ウルグアイで行われた世界大学選手権の帰りにトランジットしたローマで6時間も待ち時間があったので、現日本サッカー協会副会長の田嶋幸三と二人でタクシーでローマの街に観光に出掛けた。真実の口とかスペイン広場とか、トレビの泉とかを回って、最後に「バチカンに行きたい」とタクシーの運転手に言った。「分かった」と言うけれど、どうもバチカンとは違う方向に行く。丘を登って、「大丈夫かよ」と不安になっていたら、普通の民家の前に止めた。

「まずいぞ、幸三。これは拉致されるぞ」と、二人で真っ青になっていたら、運転手が言った。

「早く降りて、鉄格子の鍵穴を覗け」

おそるおそる覗いてみると、なんとバチカンのモスクが鍵穴にピタリとハマっている。

その瞬間、鳥肌が立った。

実は知る人ぞ知る名所だったのだが、その光景があの部屋から見える太陽の塔と重なった。万博のシンボルである太陽の塔が、いつもこっちを見てくれている。凄く神秘的なものを感じたのだ。それからは部屋に入る時に一礼、部屋を出る時に一礼するようになった。歴代の監督がどうだったかは知らないが、私にとっては、それが試合前の重要な儀式になっていたのである。

コーチングスタッフと阿吽の関係を築く

チームを強くするためには、コーチの力も非常に重要だ。サッカー観を共有して、強い信念を持ち続けるグループでなければならない。

選手同士が阿吽《あうん》の呼吸を築いていくように、私もコーチングスタッフとは、そういう関係を築いていかないといけないと思っている。

もちろん、それができるスタッフを見分けるのは簡単ではない。ましてや、相手が外国人の場合は、どういう性格なのか、よく分からないから難しい部分がある。

ただ、外国人のコーチは、自分の仕事は責任を持って全うするが、それ以外のことは、自分の管轄ではないとはっきり割り切っている。やることはやる、それ以外は口を出さないというスタンスだ。

例えば、フィジカルコーチは、責任を持って選手の体を作るところまではやる。だが戦術的なことに口を出したり、選手についての良し悪しを公言したりはしない。

監督とコーチがお互いにストレスを抱えて、うまくいかなくなれば、チームも決していい方向には転ばない。監督とコーチは、目指す方向が同じでなければいけないし、ともに仕事をこなす上で意見の齟齬《そご》があってはいけないのだ。

フィジカルコーチのブローロは、信頼できるコーチングスタッフの一人だ。

彼と初めて出会ったのは、柏レイソル時代だ。その後、彼はヴェルディ川崎（現東京ヴェルディ）に行ったが、仕事に対する真面目な取り組み方や選手に対する厳しい姿勢に、非常に好感を持っていたので、ガンバ大阪に行くと決めた時、すぐに連絡を取り、フィジカルコーチとして来てもらった。

彼の素晴らしいところは、決して仕事に妥協しないところだ。あまりにも厳しいので選手たちは、キャンプ前には戦々恐々としていた。

彼の仕事は、年始の体力測定から始まる。そこで体脂肪率や筋肉量などを数値化するのだ。その数字を示しながら、「あなたは、こういう数値だからこういうトレーニングをする必要がある」と、理詰めで選手たちに説明する。

キャンプ前には、各選手をサイドで起用するのか、センターＭＦとして起用するのか、「ポジションのグループ分けをしてください」と、必ず求めてきた。

なぜポジション別なのかというと、サッカーはポジションごとに走力や持久性など必要なフィジカル能力が異なるからだ。センターバックとサイドアタッカーでは、動きが全然違うので、同じようなメニューをこなしていてはいけないという考えだ。

そのため、彼は各ポジションごとにメニューを考えていた。

実際、キャンプのフィジカルトレーニングは選手にとってはかなり負荷をかけたハードなメニューだった。滅多に弱音を吐かない明神（智和）ですら「キツイ、ディスカウント！（走る回数まけて）」と、思わず本音を洩らしていたぐらいだ。

ブローロは、私がヴィッセル神戸に招聘《しょうへい》された時にも来てもらったし、新しく就任した名古屋グランパスでも、フィジカルコーチを任せている。

ヘッドコーチはいらない

日本では、しばしば、監督の下にヘッドコーチを置く。

将来の監督候補として帝王学を学ばせたいというクラブ側の意図だったり、Jリーグのチームを指揮するためのS級ライセンスを持っていないため、ヘッドコーチとして入る場合もある。

柏レイソル時代、私もニカノール監督のもとでヘッドコーチだった時期がある。

ある時、ミーティング中にニカノールが「ニシノ、何かあるか」と、ひと言言ってきた。

だから、私は対戦相手の特徴について補足をしたのだが、ミーティング後、ニカノールに「お前は、そこまで踏み込まなくていい」と言われたことがあった。

その時は、監督とヘッドコーチの役割分担は、非常に難しいと思ったものだ。

ただニカノールは、非常にカリスマ性のある監督だった。話し方に説得力があり、オーラがあった。練習中に煙草を吸い、ブラジル人スタッフと談笑していても、いかにも名監督という雰囲気がにじみ出ている。

ある時は、「今日は大事な友人が来るのでシュラスコを焼かないといけないから早く帰る。あとは、お前、頼むぞ」と言って、本当に帰ってしまったこともあった。

これで、よく選手がついてくるなと思ったが、彼はモチベーターとしても素晴らしかった。「お前らを信じているから、後はもうやるだけだ」とか、心に訴えかけてくるメッセージを出すのがうまかった。彼のカリスマ性がすべてをポジティブに変えていたのだと思う。

そんな経験もあって、私はヘッドコーチという役割はチームに必要ないと思っている。

試合のベンチにアシスタントコーチを置かないのはJリーグでも私くらいだと思うが、それにも理由がある。

二人で試合を動かそうとしても、絶対に意見が割れる状況が出る。そこで相談して決めればいいと思うかもしれないが、サッカーは、横を向いて話をしている間に戦況が変化するスポーツだ。状況判断には一刻の猶予もない。野球であれば、もう2球投げさせた後で決めようとか、ある程度、余裕を持って作戦を練ることができるが、サッカーはそうはいかない。

もちろん、コーチがいらないという意味ではない。日々の練習ではアシスタントコーチの力も借りながら指導をするし、試合でもときには、ハーフタイムに「スタンドから見ていてどう思う?」と意見を聞くこともある。

ただ、「ナンバー2」という位置付けでのヘッドコーチの必要性は感じていないのだ。

フロントとの関係がクラブを強くする

クラブを強くするために一番重要なのは、現場を預かる監督、そしてフロント、その長である社長とが常に一枚岩であることだ。ヴィジョンとプランが共有できていれば、ポジティブに戦うことができる。

フロントが現場をしっかりサポートできないクラブは、結果が出なくなると互いに責任をなすりつけ、内輪揉《うちわも》めのようなお家騒動が勃発して、最後は喧嘩別れのようになってしまう。成績が悪ければ監督はいつ解任されても仕方ない立場だから何も言えないが、フロントのサポートがなければ、成績を残すということ自体、非常に難しい。

クラブ経営には資金も必要だが、一番大事なのは、将来へのヴィジョンだ。

5年後、10年後、どういうチームを作り、どんなクラブにしていきたいのか。ただ強いだけでも、クラブはサポーターに支持されないし、愛されるクラブにはならない。

そのために私は、「自らアクションを起こして攻める」スタイルを掲げ、そのサッカーの実現のために尽力してきた。チームの編成権も認めてもらっていたので、自分の望む選手をある程度、獲得できたし、成績が出なければ責任はいつでも取る覚悟だった。

よくフロントと現場で、結果が出ないことの責任のなすり合いをしているのを目にするが、ガンバ大阪では一切そういうことはなかった。現場とフロントの一体感が常にあった。だからこそ、長く、監督として継続できたのだろうし、結果を残せたのだ。

第3章

自分のスタイルを貫く

ポゼッションサッカーを目指す理由

ガンバ大阪を率いていた2011年までの10年間、私は攻撃的サッカーを貫き、最終的にガンバ大阪は、ポゼッションサッカーの代名詞となるまでになった。

なぜ、ポゼッション（ボールの占有）なのか。

ポゼッションの優位性は、自ら攻撃のアクションを起こして仕掛け、ゴールを奪えることだ。ポゼッションしていれば、速攻、遅攻を使い分けられるという利点もある。

さらには、自分たちがボールを保持している限り、失点はしない。その時間が長ければ長いほど、失点のリスクは抑えられることになる。

単純に、得点につながる可能性だけを考えれば、パス1、2本で前線につなぐカウンターの方が確率が高い。チームの戦力分析をし、選手層や個々の能力・特徴を見て、その戦術がベストだと考えればそれでいいかもしれない。

だが、カウンターしか攻撃の手段がなければ、どうしても選手たちの意識は守備の方に向いてしまう。サッカーにとって大事なことは、いかに多くのチャンスを作り、得点するかだ。

私が就任した当時、ガンバ大阪には決定力がなかった。点を取るためには、今まで2、3回だったチャンスを5、6回と、できるだけ多く増やしていかなければならない。そのためにはボールを保持し、パス交換をしながら相手のフォーメーションを崩して攻め切ることが重要になってくる。

そうして、相手のスタミナを意図的に落としながら、仕掛けてチャンスを作る。チャンスを多く作れば、得点の可能性も高まる。私が就任した2002年の頃から、ガンバ大阪には、それができる中盤があった。遠藤（保仁）を始め、中盤の選手の能力が、非常に高かったのだ。

ボールを大事に保持する、というだけならば、ある程度のレベルのチームならどこでもできる。単純に、横パスやバックパスを多用すればいいからだ。そうやって、ポゼッション率を55パーセントぐらいまで上げることはできる。

しかし重要なのは、どのゾーンでボールを保持するかだ。

中盤から最終ラインを使っての逃げのポゼッションなのか、それとも、アタッキングサードなど、ゴールに侵入していくゾーンでのポゼッションなのか。それによって、決定的なチャンスを作れる回数が違ってくる。

試合を通してポゼッション率が60パーセントぐらいあっても、4、5本しかシュートを打っていないというチームは少なくない。いくらボールをキープしても、得点に絡んでいかない限り、ポゼッションサッカーを志向し、実践しているとはいえない。

今は、多くのクラブがFCバルセロナのように、ショートパスをつないで、人もボールも動くサッカーを理想としている。だがFCバルセロナは、ポゼッションを目的としてサッカーをしているのではない。より多くの得点を挙げるために、ポゼッションをしているのだ。だから、そのゾーンは常にアタッキングサードを意識している。

さらに、ボールを奪われたら、即座に全員で奪い返すという守備の意識の高さも、忘れてはいけない。だからこそ、あれだけ魅力的で、美しいサッカーをしながら、勝ち続けられるのだ。それは、2012-2013シーズン、圧倒的な強さでブンデスリーガとチャンピオンズリーグを制した、FCバイエルン・ミュンヘンしかり、である。

アトランタ五輪での得がたき経験

私が、現在のようにポゼッションサッカーを志向するようになった理由のひとつには、1

996年のアトランタ五輪での経験がある。

あの時の五輪代表は、1－0でブラジルを破り、「マイアミの奇跡」と呼ばれた。

しかし、極端に守備的な布陣を敷いたため、「将来性がなく、A代表につながらない」とか「あのメンバーならもっと攻撃的に戦うなど、もっと違うやり方があったはずだ」とマスコミを含めて、いろんな方面から言われた。

では、がっぷり四つに組んで、0－5で玉砕すれば「将来性があるサッカー」と言われたのだろうか。

あの時、私は、予選リーグを突破して、ひとつでも多く試合をして選手に国際経験を積ませ、2年後のフランスW杯につなげる選手を一人でも多く輩出することを使命としていた。

そのために、本意ではなかったが、勝負にこだわって、引いて守るという戦術を取らざるをえなかった。別に戦う前から勝負を諦めて守備的な戦術を取ったわけではないのだ。

対戦相手は、ブラジルとナイジェリア、ハンガリー。いずれも世界の強豪である。

もちろん、日本の攻撃的な良さを発揮して勝つに越したことはないが、現実的に勝負を考えた時、ブラジル相手に真っ向勝負で攻撃的なサッカーを打ち出して勝つのは難しいと思った。

だからまずは、ボールを奪うための守備を考える必要があった。自分たちの色を出すにしても、それからのことだ。

そこで選手には「ボールを奪取するには守備の意識を高めつつ、そこから隙あらばというシーンを狙っていこう」という話をした。

実際、ブラジル代表のVTRを見ていると攻撃から守備に切り替わった時のポジショニングが悪く、DFラインに意外と隙があるということが分かった。

また、GKのジーダとDFアウダイールのコンビネーションにも問題があった。オーバーエージでメンバー入りした31歳のアウダイールと22歳のジーダでは、うまくコミュニケーションが取れていなかったのだ。カウンターからの伊東（輝悦）のゴールは、まさにその一瞬の隙を突いたものだった。

ゴールを奪ったのが、後半のしかも終盤だったことも幸運だった。もし前半に1点、先制していたら、後半は本気になったブラジルの猛攻にあったはずで、何点取られていたことか。

ブラジル戦は、ある意味、これしかない勝ち方で勝てたと言える。だが選手たちはまったく納得していなかった。100パーセント、自分の力を出し切って勝ったという、「やり切った感」がなかったのだろう。

だが、私も心境は同じだった。歴史的な勝利を飾ったのに、不思議と満足感はなかった。それは今から考えれば、やはりリアクションサッカーに徹したがゆえの結果だったのかもしれない。

我々は、第2戦のナイジェリア戦も、ブラジル戦と同じ戦術で臨んだ。ナイジェリアとのチーム力の差も歴然としていた。だが前半は守備的に戦い、我慢して0－0で折り返せば、後半は必ずチャンスがある。そう思っていた。

だが選手からは、大きな反発があった。中田（英寿）も路木（龍次）に「俺が上がった後のフォローをしてくれ」とか、勝手な言動を取り始めたりしていた。フラストレーションが溜まっていたのだろう。「もっとできるのに」と彼らは思っていたに違いない。

攻撃的な選手がたくさんいるのに、「なぜ、守備的な戦い方しかやらないのか」という抗議の意もあったと思う。攻撃の選手は、もっと自分のプレーを世界にアピールしたいという思いもあったはずだ。

実際、前半を0－0で終え、守備から入るというのは思惑通りできた。しかし、田中（誠）の怪我という大きなアクシデントがあり、ナイジェリア戦は、0－2で負けた。

あの時、もっと選手を信じて、アグレッシブに戦っていたらどうなっていたのか、と考えることはある。結果として、本大会で勝ち抜けなかった。その後悔が、今も拭い切れないでいる。

それが、攻撃的サッカーを貫きたいと思っているひとつの要因にもなっている。

刺激を受けたフース・ヒディンクの采配

私が攻撃的なサッカーを標榜《ひょうぼう》するようになった理由のひとつに、自分の現役時代のプレースタイルがある。

現役の時は攻撃的MFとして、かなり自由にプレーをさせてもらっていた。ゴールを決めることは楽しかった。点を取ることに執着していたし、相手よりも点を取れば勝てる。攻撃こそ最大の防御なりという意識が染みついていた。

また、いろんな試合を見てきたが、いつも攻撃的なサッカーに魅了されたし、どんな状況下でも自分たちでアクションを起こしていくチームが好きだった。

監督の采配でチームは劇的に変えられる。決して、選手任せではできない。リスクを恐れてなかなか前に出て行けない選手が、監督の言葉によって、積極的になり、とてつもないパフォーマンスを生むことがある。

中でも、2002年日韓W杯で韓国をベスト4に導いたフース・ヒディンク監督には、大きな影響を受けた。

ポルトガル、スペインを破った試合も凄かったが、イタリア戦は、もう神がかり的なものを感じた。

0－1でリードされていた試合終盤、ヒディンクはキャプテンのホン・ミョンボを外してまで攻撃的な選手をどんどん投入して、最後は2バックにした。

後ろのDFはスペースだらけでアンバランスの極致に見えたが、ヒディンクはボールを中心にして、ピッチ全体のバランスを考えていたのだと思う。

自分たちがボールを保持してさえいれば、2バックでもバランスが取れるし、常に得点するために仕掛けていける。選手も、前にどうボールを運ぶかを理解していたのだろう。そして、結果的に試合をひっくり返し、イタリアに勝った。

そのやり方は、無謀というかスクランブルというか、ほとんど開き直りにしか見えない。実際、この時のヒディンクのような采配は、W杯のような大舞台では、通常はほとんど見受けられない。負けそうになっても点差が2点以上になるのを恐《こわ》がって消極的な采配を執る、あるいは負けていても大きなリスクを負わないのがほとんどだ。

だがヒディンクは、その采配をマジックにしてしまった。特に、イタリア戦を見ていると、強い信念を持って動くことで、劇的な瞬間が生まれると知らされた。やはり選手交代いかんで流れは変わるものだと、実感したものだ。

おそらく、ヒディンクは韓国人の気質も言葉も深く理解していたわけではないだろう。それでも的確にカードを切り、起用された選手たちは、いずれも素晴らしい働きをした。

それまで私はずっとヨハン・クライフに憧れていたが、日韓W杯のヒディンク監督には、本当に圧倒された。この時の彼の采配は、今も私の指針になっている。

イビチャ・オシム監督のサッカーも非常にインパクトがあった。チームの全員がアクションを起こして、動いて、ボールを引き出していく、非常に攻撃的なサッカーだ。

下位に低迷していたジェフユナイテッド市原・千葉を２００５年には優勝争いをするまでに導き、２００６年のヤマザキナビスコカップ決勝では私たちのガンバ大阪と対戦し、お互いに攻撃力を出し合う中、ＰＫ戦にまでもつれた。残念ながら私たちはタイトルを失い、ジェフユナイテッド市原・千葉が優勝を果たした。

ただ、オシム監督のサッカーは、非常にリスキーな戦い方だったとも思う。

トーナメントのような一発勝負の中では有効かもしれないが、長いリーグ戦の中では、どうしても安定した戦いはできないし、勝ち続けるのは難しいのではないだろうか。

リスクを負ってはいけないところがあるし、もう少し全体的なバランスを考える必要がある。完全にバランスを崩してまで、攻撃に傾倒するサッカーは、ときには逆の結果を生むことになる。私は面白いサッカーをするためならば、勝負を度外視して攻めに徹すべきと思っているわけではない。

ただ、チーム作りに対する哲学と信念には、凄く共感できた。決して妥協しなかったし、厳しいと同時に、選手に愛情も持っているのがひしひしと伝わってきた。阿部（勇樹）、羽生（直剛）や佐藤（勇人）など、その後各所属チームの主力に成長した選手も少なくなかったし、オシム監督が、日本のサッカーに大きな影響をもたらしたのは間違いない。

さて、ヒディンクについてだが、こんな話を聞いたことがある。

ある試合の前半、ベンチでアシスタントコーチに「あの選手をどう見る」と聞いた。すると、コーチは「アベレージですね。良くも悪くもない。もう少し様子を見てもいいんじゃないですか」と答えた。そうしたら、ヒディンクは「このゲームにそんな猶予はないぞ」と、あっさり選手を交代させたという。

私もこの考えには非常に共感した。相手のチームの動きを見て、リアクションで対処するというよりも、試合が動きそうだなと思ったら自分から動く。そうやって、状況を変化させていく。

それに合わせて相手がメンバーを交代させてきたら、さらに相手の思うようにさせないカードを切る。常に自らアクションを起こして駆け引きをしながら、相手の思惑を狂わせるような交代が大事だと思っている。

2008年、アジア・チャンピオンズリーグ準決勝での浦和レッズ戦は、采配と交代カードの起用がピタリとハマった試合だった。

浦和レッズに先制されたが、後半に入って「右サイドをお前のスピードで活性化してこい」と佐々木（勇人）を投入して、前線を活性化させた。流れが徐々に自分たちの方に傾き、山口（智）がセットプレーから同点とした時、完全に流れが変わった。そして、最終的に3－1で逆転勝ちした。

だが0－0の状態から積極的に動こうとすると、「このままでもいいのでは」と考える選手もいる。

これは、DFの選手に多い。彼らは役割からどうしても失点したくないという思いが強い。

我慢してさえいれば、必ずいつかチャンスは来る。そう思って試合を運ぶ。

　でも、私はそうは思わない。試合は常に勝ち点3を考えたい。そのためには、時間と状況をしっかりと見極めて、自分たちの手で勝利を掴まなければいけない。

勝っている時に、守備的になるべきなのか？

　点を取られたら取り返すという派手なスタイルのせいか、私は「守備の修正ができない」と、よく言われた。

　しかし、私に言わせれば守備の修正は攻撃の修正よりもはるかに易しい。

　例えば、2－0の状態でそのまま逃げ切りたければ、守備の選手を増やして、守備の意識を徹底すればいい。そうすれば、そのまま試合を終えられる可能性は限りなく高くなる。

　しかし、それはガンバ大阪のスタイルではないし、私の目指すサッカーではなかった。勝っている時に、なぜ守備に重心を置かないといけないのか。そういう思いが、私の中には常にあった。

　前半が終わった時点で2－0であれば、後半、次の1点をどちらのチームが取るのかが、勝敗を分ける。これは、どこのチームのロッカールームでも言われることだ。もちろん、選手もそれを意識している。

しかし、実際は2－0で勝っているチームが、後半、積極的に3点目を狙うという意識は持てないものだ。選手各々の頭の中にはあっても、チーム全体のアクションにはなかなかつながらない。

私の理想とするチームは、2－0から3－0にして相手がダメージを受けても、さらに加点して深刻なダメージを与える、そのくらい圧倒的に攻め続けるチームだ。

だが、DFの選手からは、よく反発の声が上がった。

「3－1で勝っているのに、なぜFWの選手を入れたり、3トップにして、点を取るシフトに切り替えるんですか。どうして逃げ切るシフトを組んでもらえないんですか」

その選手の強い口調に、私はこう答えた。

「私は、3－1からそのまま逃げ切ろうとは思っていない。より攻撃的な選手を使って追加点を取りに行き、相手の弱点を突いて4－1、5－1にしたい。お前たちに負担を掛けるかもしれないけど、3－1から最終的に4－3になっても、将来的に超攻撃的という自分たちのスタイルの確立につながる。それを目指してほしいんだ」

私には、「やり切って初めてスタイルは確立される」という信念がある。それを曲げるつもりはまったくなかった。

だが、ときに一部の選手たちは、自分たちで攻撃をスローダウンしようとした。私が一番気に入らないのは、後半の終了間際、ある程度点差が開いている時に、そのまま逃げ切ればいいという雰囲気になることだ。

なんとなく、もう勝負はついている。スタミナもロスしたくないし、このまま終わりにしよう。そんな空気を感じた時は、あえて攻撃的な選手を呼ぶ。

そして「もっと攻めろ。相手はダウンしているし、必ずチャンスはあるから決めてこい」と声をかけて、投入する。そうやって、選手たちに攻めの姿勢を貫けと、伝えるのだ。

ポゼッションサッカーの原点

私には、監督に就任する前から、ガンバ大阪は必ず攻撃的なチームになれるという予感があった。

2001年のシーズン途中に柏レイソルの監督を解任された私は、現場への思いからなかなか抜け切れず、マスコミからの仕事依頼をすべて断り、半年間、Jリーグの試合を見続けていた。柏レイソルでの4年目のシーズンで結果を求めて走っていたが、これからという時、突然、解任された。急にサイドブレーキを掛けられたように、呆気《あっけ》なく終わってしまったことに忸怩《じくじ》たる思いはあった。

その時、印象に残っていたのが、ガンバ大阪だった。

「次、監督として現場に戻るなら、ガンバのような、将来の可能性を感じるチームでやりたい」

当時のガンバ大阪には、宮本（恒靖）を始め、稲本（潤一）、遠藤（保仁）、二川（孝弘）ら若く、優秀な選手が多かった。彼らとなら積極的に自分たちからアクションを起こして、常に試合をコントロールしながらスペクタクルに戦うサッカーができるだろう。

そう思っていたところ、秋にガンバ大阪からオファーが届いたのだ。

絶妙のタイミングだった。しかも完全に相思相愛で、まさに運命的なものを感じた。

ただ、日立製作所（柏レイソルの親会社）からライバル会社の松下電器産業（ガンバ大阪の親会社）に移るというのは、通常ではありえない。

関東から約500キロも離れた関西だし、環境も文化も違う。柏レイソルで伝えてきた自分のやり方が伝わらないこともあるかもしれない。不安はいろいろあったが、それらを超越するぐらいに魅力的な挑戦で、非常に愉《たの》しみだった。

ガンバ大阪の監督に就任して、最初に重視したのは、チームの方向性だった。

新しく就任した監督は、結果を気にするあまり、守備に重心を置きがちだ。点を取られたくない、負けたくない。そういう理由で、まずは守備からカウンターというチーム作りから入っていく。

守備的なチームは、最初は成功するかもしれないが、最終的には必ず行き詰まるし、そこから攻撃的なチームに移行しようとしてもなかなか難しい。だから結果うんぬんではなく、そのコンセプトを浸透させながらチームを作ろうと思っていた。

チーム作りに当たって、最初に監督が方向性や理想をはっきり示すのは、大事なことだ。それを選手と共有できた時、チームには必ず大きなうねりが生まれる。

1年目は、そのための土台作りと覚悟を決め、2年目に勝負をかけて、トップ3を争うようなレベルに持っていきたいと思っていた。

だが、選手たちは、私が掲げた目標に対して、最初はピンと来ていないようだった。

ガンバ大阪は、1998年頃から低迷し、2001年シーズンも1stステージ5位、2

ｎｄステージ11位で総合7位。

当時、2強といわれたジュビロ磐田と鹿島アントラーズと比較しても、チームカラーもはっきりしていなかったし、コンスタントに力を発揮できないひ弱さもあった。ようするに自信を持てていなかったのだ。

私は、ガンバ大阪の選手を見て、自分たちから攻撃のアクションを起こして戦えると思っていたし、彼らにもそう伝えた。だがなかなか私の真意は伝わらなかった。

彼らは私の描いた目標と現実との間に隔たりを感じ、私の手腕にも半信半疑だったのかもしれない。

当時のガンバ大阪の選手は、言われたことはやるし、システマティックに動くこともできた。だが、個々の判断でゲームを切り開くことが、なかなかできなかった。決まったパターンでのサッカーに慣れ、考えて動くことが苦手だったのだろう。

選手の潜在能力を呼び起こし、意識を改革するには、どうすべきか。

私は簡単な約束事以外に、選手に「この時は、こう動け」「この選手にパスを出せ」という指示は、一切出さなかった。自分で考えて、状況ごとに周りのフリーの選手をシンプルに使えるようになるために、そうしたのだ。

ポゼッションサッカーへ移行したきっかけ

攻撃的なサッカーをしたいという理想は、指導者ならみな持っているものだ。しかし、それを具現化するのは、なかなか難しい。

2011年、シーズン前に行われる監督会議の時、ある監督にこう話しかけられた。

「ここまでで守備的なベースはできたし、守れる自信もついたので、今年はポゼッションをして攻撃的に行ってみようかなと思っています」

より高みを目指して、スタイルを変更するということらしい。

その時、私は決して悪い選択ではないと思った。その監督自身が、やれる決意を持てたということは自信の裏返しでもある。

「持ち前の守備の強さは脅威だから守備は大事にした方がいい。その上で攻撃的にやれると思ったのなら、それでもいいんじゃないか」

私がそう言うと、その監督は満足したようにうなずいた。

そのチームは、もともと守備的なチームだった。ブロックをしっかり作り、失点を防ぐ。

そして、カウンターやセットプレーで奪った点をしっかり守り切るサッカーをしていた。

だが、ボールを回して攻撃的に前に出てくるようになると、不安定な戦いが増え、チームも結果が出なくなっていった。その年、シーズン終盤に対戦したが、ガンバ大阪が5－0で大勝した。

試合後に監督は、「やっぱり去年と同じ守備重視でやれば良かったのかなぁ。墓穴を掘ったけど、本当は攻撃的にやりたいんです。でも、これだけやられると、やっぱり難しいですね」と、嘆いていた。

持ち前の守備の良さを活かしつつ、攻撃的にポゼッションをしたいのであれば、守備のメンバーではなく、戦況に応じて組み立てを考えられる戦術眼があり、攻撃能力の高い選手が必要になってくる。

私も柏レイソルの監督に就任した初年度、しっかりとポゼッションをして攻撃的なサッカーをやりたいと思ったが、現実にはカウンターでしか勝負できなかった。自分のやりたいサッカーを実現するために、まずはホン・ミョンボを獲得した。

さらに、若手ながら技術の高い大野（敏隆）を思い切って起用した。初年度にそういうベースを作り、翌年、さらに新しい選手を獲得し、戦略的、戦術的な積み重ねをしていけば、カウンターでしか戦えなかったチームにも多少は変化の兆候が見えてくるものだ。

それもやみくもに選手を起用すればいいというわけではない。メンバーのプレースタイルや能力を見て、現状のチームを分析し、「いずれこういうサッカーができるだろう」「今はできなくてもシーズンの終盤にはできるかもしれない」そういうヴィジョンがなければ、いくら選手を入れても既存のスタイルから抜け出せない。

前述した監督の「バージョンアップしたい」という考えは、間違っていなかったと思う。ただ、実際は、そのために選手を獲得したのかというと、ほとんど前年とメンバーは変わっていなかった。

「メンバーが変わらない中で、スタイルを変えるのは難しいですね」

彼は試合後にそう言った。

必要な戦力が補強できず、自分の頭の中で理想を描くだけでは、やりたいサッカーを実現することは難しい。それを具現化できる選手を補強するなり、監督自身も積極的に動いていかなければならない。

ガンバ大阪が本格的にポゼッションサッカーに移行した時にも、あるきっかけがあった。

監督に就任した当時、ガンバ大阪には、マグロンというＦＷがいた。１メートル92センチの長身で、ヘディングが滅法強いストライカーだった。当時ガンバのシステムが3－5－2だったこともあり、マグロンの高さは攻撃において非常に重要だった。

両サイドが高い位置でポイントを作り、ボールを動かすやり方は、攻撃としては有効だ。クロスボールの距離が短いほど正確かつ速くゴール前に入れられるので、得点率が高くなるからだ。ガンバ大阪の監督になって初めての1stステージは、それに徹することで、予想以上の成績を挙げられた。

だが、2002年の2ndステージから2003年にかけて、なかなか勝てなくなった。マグロンに対する依存度がどんどん高くなっていたからだ。

チーム状態が悪くなると、ショートパスをつないでいけるシーンでも、どうしても得点に直結するスタイルに流れてしまう。マグロンの調子がいい、悪いに関係なく、みんなターゲットのマグロンを探して蹴っていたし、苦しくなると余計に彼頼みになっていった。

また、相手チームはガンバ大阪の良さを消そうとして、クロスボールを供給できないように両サイドに圧力をかけてきていた。その結果、質のいいボールを上げられなくなり、ガンバ大阪の攻撃はほぼ封じられた。

マグロン自身も、その頃、足に怪我を抱えていた。ベンチに入れて「後半から」ということも考えたが、最終的には私も彼に頼ってしまった。彼中心の攻撃のスタイルに限界も感じていたが、彼に代わる選手がなかなか見つからなかったからだ。

2003年の1ｓｔステージ後半、彼は怪我で戦列を離れてしまう。それでやむなく脱マグロン、チームスタイルの変革に取り組まざるをえなくなったのだ。

ちょうど、就任2年目にして遠藤（保仁）、二川（孝広）を中心とする中盤の選手たちが目覚ましい成長を遂げていた。DFラインにボールを動かせる選手、そして前にポイントゲッターさえいれば、自分たちで積極的にアクションを起こし、ショートパスで試合を組み立てていくサッカーができそうな気がしていた。

ポゼッションサッカーに必要な技術と戦術眼

攻撃的なガンバ大阪のスタイルが確立できたのは、ポゼッションを目指したからではない。先々のプレーをイメージして実践できる技術と戦術眼を持った遠藤（保仁）や二川（孝弘）、橋本（英郎）ら優秀な選手が中盤にいたことに加え、チーム全体が同じ絵を描けるようになったからだ。

私が中盤の選手に求めるのは、高い技術とイマジネーション、いわゆる創造性といわれるものである。運動量の多さや、守備力の高さよりも、ボールをうまく扱うことができて、攻撃に影響を与えて、クリエイティブな力を発揮できる選手だ。

そういう意味では、遠藤や二川、橋本は、技術には自信を持っていたし、彼らは当時から、ときに私の想像を超えるパフォーマンスを見せてくれた。

例えば、パスを2本動かせば十分打開できるのに、あえて3、4本続け、相手を崩すのに有効なポイントにボールを動かしていく。それは、グループとしての意思疎通が非常に優れている証拠だ。

そういう中盤の選手たちの高い技術、優れた戦術眼を活かしたサッカーで、2003年シーズンのラスト6試合は、4勝1敗1分けで終わることができた。まだまだスケールは小さかったが、マグロン頼みから、ポゼッションサッカーへ移行できる手応えを感じることができた。

余談だが、遠藤とダブルボランチを組ませた橋本は、最初まったくボランチのタイプの選手だとは思わなかった。

柏レイソルの監督時代に初めて彼を見た時は、攻撃的なサイドアタッカーの選手だと認識していた。だが、2002年にガンバ大阪に行き、話をすると「サイドは本職ではなく、ボランチです」と本人が言うのだ。

確かに、中盤で毎年、タックリング率（相手にコンタクトしてボールを奪う）がトップで、ハードではないが、うまさはあった。それで遠藤と組ませたわけだが、この二人だと中盤の構成力は高いが、守備的なゲームを強いられると苦しくなる懸念があった。そのため守備力が強くて、しかも攻撃力のあるボランチが欲しかった。それがのちに明神（智和）の獲得につながっていった。

私は、そういうイメージを3年目の時点で考えていた。

ポゼッションをしてボールを動かし、相手を崩す練習を始めたのはこの頃からだ。動きの中で個々の表現力を伸ばすように心がけると、練習でも試合でも、「そこに出すか」という意外性のあるパスや、信じられない動きで相手を翻弄していく回数が少しずつ増えていった。

2005年、奇跡の逆転優勝がもたらしたもの

ガンバ大阪のポゼッションサッカーは、2005年のシーズンに、分かりやすい形で結実

する。

アラウージョと大黒（将志）の2トップを軸とした攻撃で、チームは9月1日の時点で首位に立った。点を取られても、それ以上取り返す攻撃的サッカーが開花し、自分の頭の中では相当数の試合を残して優勝が実現すると目論《もくろ》んでいた。

ところがラスト7試合になって、つまずいた。

大分トリニータ、FC東京に連敗したのだ。初優勝のプレッシャーかなと思ったが、続く浦和レッズ戦で勝ち、立て直せる気配を感じた。

だが、名古屋グランパスに負けてから、雲行きがまた怪しくなる。気持ちをうまく切り替えることができず、大宮アルディージャに0－1で敗れ、ジェフユナイテッド市原・千葉にも1－2で敗れるなど3連敗を喫し、ついに最終戦を前に首位から陥落した。

ガンバ大阪は首位のセレッソ大阪に次いで勝ち点差1の2位。3位浦和レッズ、4位鹿島アントラーズ、5位のジェフユナイテッド市原・千葉まで優勝のチャンスがあるという空前の大混戦になっていた。

大宮アルディージャに敗れてからは、なかなか眠れない夜が続いていた。

試合後の記者会見では淡々と敗戦について語るので、「切り替えが早いですね」と言われることが多いが、とんでもない。けっこう、私は敗戦を引きずってしまうタイプだ。

ビデオを何度も見直して、「なんで、ここで動いていないんだ」など、いろいろ細かいところまで気にして、その試合に引っ張られてしまう。それは、自分の中で整理をし、ひとつ前進するためなのだが、分析している時は、もの凄く後ろ向きに考えてしまう。

この時は、優勝できるイメージでいたので、なおさら「なぜなんだ」と考えてしまった。リーグ初タイトルのプレッシャーもあるのか、サッカーの恐さを感じたものだ。

そんな時、救ってくれた人がいた。大学時代のある先輩だ。

年に1、2回会う関係で、一杯飲んだらすぐに帰ってしまうような人なのだが、この時はたまたまゆっくりと杯を重ねることができた。もしかすると、私のこの状況を予測していたのかもしれない。

その先輩はいつも強気な人で、この時も私を慰めようなどとせず、自然体で挑むことの大切さや自分らしく戦うことの重要性を話してくれた。すると、マインドコントロールされたように気持ちがすっと晴れた。

休み明けの最初のミーティングでは、首位から転げ落ちたのを忘れたかのように、「みんな、次、勝てば優勝できるぞ」と断言した。

今になってみれば、よくそんなことを言えたなと思うが、その先輩の言葉で気持ちが切り替わり、ポジティブな自分に戻れたのだ。

最終節で川崎フロンターレに4－2で勝利、首位のセレッソ大阪はロスタイムに当時、FC東京の今野（泰幸）のゴールで追いつかれ、ドローに終わった。

ガンバ大阪は、奇跡の逆転優勝をすることができたのである。

チームにとっての初タイトルでもあり、最後はなかなか勝てずに悩んだ分、優勝が決まった瞬間は込み上げてくるものがあった。

だが、私の中で一番大きかったのは、ガンバ大阪のスタイルが広く世間に認知され、そのスタイルを貫いて勝てたことだった。

それまでのガンバ大阪のサッカーは「面白いけど、勝てない」と言われてきた。

勝負の世界では、どんなに素晴らしいサッカーをしていても勝たなければ認められない。だが、優勝したことで、ガンバ大阪のスタイルが勝てるサッカーとしても認められた。そして、自分たちのサッカーは「これだ」というのを確信できた。

苦しんで獲得したタイトルの効果は非常に大きかった。

リーグ優勝した後の選手の表情は、それまでとはずいぶんと異なり、自信に満ちていた。

一番の違いは、選手たちが自分たちのサッカーに対して、迷いがなくなったということだ。自分たちのサッカー、監督の目指すサッカーを信じているので、考えすぎることもなく、アクションを素直に起こして、自然にプレーできている。だから、私が指示したことも迷いなくこなし、その伝達も非常に早くなった。

チームに確固たるベースができたので、翌年に明神（智和）や加地（亮）など新しい選手が入ってきても、ノッキングすることはなく、チームに馴染《なじ》むのも非常に早かった。

タイトルを獲得したことでベースのレベルも飛躍的に向上した。

自然と選手の要求するレベルが高くなり、こんなプレーをしてはいけない、こんなミスをしてはいけないという暗黙の了解みたいなものができていた。多少知名度のある外国籍選手を連れて来ても納得しない。ある一定のレベルに達していないと認めないという、厳しい空気ができたのだ。

2006年になると、選手たちは自主的にゲームを運ぶ意欲を見せるようになる。

自分たちがベストメンバーだという自覚が芽生え、対戦相手のメンバーが分かり、相手の良さを消すポイントを理解していれば、ほぼ自分たちのコントロール下でゲーム運びができるようになっていた。

この時にはもう、私も「この選手には注意しろ」と言うぐらいで、選手たちに細かい指示をする必要がなくなっていた。

大量に選手が入れ替わった時のチーム作り

2005年に優勝した後、ガンバ大阪は、大きな補強をしなければならなかった。優勝に大きく貢献した2トップ、アラウージョと大黒（将志）に加え、吉原（宏太）、児玉（新）、渡辺（光輝）、井川（祐輔）ら、一気に9人がチームを去ったからだ。

私が補強にこだわった選手は、加地（亮）と明神（智和）、マグノアウベスだった。播戸（竜二）もその年に加入したのだが、彼は吉原とタイプが似ている選手だったので、吉原の移籍が正式に決まった後、滑り込みで獲得した。

加地は、サイドプレーヤーに欠かせない「上下動」ができて、メンタルが強いという条件を満たしている選手だった。

明神は、1対1の強さやカバーリング能力など守備力が高く、パンチの効いたシュートを持ち、攻撃力もある。私がボランチに求める要素を兼ね備えている選手だった。

最大の問題は、2005年シーズンのガンバ大阪の全得点の3分の2を取っていたアラウージョと大黒の穴をどうするのか。そして2006年のシーズンを、どう戦うかということだった。マスコミにも「どうするんですか、ストライカーは」と、よく聞かれた。

二人が抜けた以上、どう考えても昨年並みの得点力は望めないし、アラウージョと大黒と同等のレベルの選手を一度に獲得できるわけがない。

そもそも2005年と同じようにやろうとも思っていなかったが、2006年は守備力を少し高めて、ポゼッションとカウンターを併用するプランを考えていた。

新たに獲得したマグノアウベスは、アラウージョと対照的で動きは少ないが、一度ボールを預けると、一人でフィニッシュまで持っていける力を備えていた。そういう意味では、カウンターにも適した選手だった。

春先は、入ってきた選手のプレーを見極めつつ、システムもいろいろ試していこうと決めた。10試合ぐらい戦ってみて、その後に方向性が見えればいいと思っていたのだ。

1年目、2年目の監督には、こういう考え方はなかなかできないかもしれない。私も1998年に柏レイソルの監督に就任した時は、シーズンの開幕戦を非常に重視していた。

しかしこの時には、長いシーズンをトータルで見ることができるようになっていた。

もちろんシーズン前にキャンプでいろいろ試すが、1か月程度のキャンプでは時間が足りないし、プレシーズンマッチも数試合しかできない。

ましてや2006年は、大量に選手が入れ替わった。これだけ人が替わって、すぐに前年と同じサッカーができるわけがないのだ。

だからシーズン序盤は、勝負以上に、今シーズンこのメンバーと戦い方でやっていけるのか、いけないのか。その手応えを感じられればいいし、最終的にはこういうサッカーができているだろうという、そのイメージがあればいい。

ただ、秋に向けて、「トップグループで勝負していくぞ」という意識付けだけはしっかりしていく。大きくチームが変わった時は、そういうヴィジョンをしっかり描き、チーム全員で共有することが一番、大事なのだ。

スタイルを維持してアジアの頂点へ

ガンバ大阪の監督時代、常に大きな目標として掲げていたのがアジアでチャンピオンになることだった。

アジアのクラブナンバー1を決めるアジア・チャンピオンズリーグ（ACL）がスタートしたのが、2002年のこと。1998〜1999年にACLの前身であるアジアクラブ選手権でジュビロ磐田が優勝しているが、その時はどういう大会なのかピンと来ていなかったし、関心もさほどなかった。

しかし、ACLは欧州チャンピオンズリーグのアジア版だと聞いており、チャレンジのしがいのある大会だと思っていた。

2006年、前年に国内リーグを制覇したガンバ大阪は、その大会に出場する権利を得ていた。アジアという国際舞台での戦いは、チームの経験にもなるし、タイトルを獲れば日本で初めてアジアチャンピオンの称号を得たクラブとなる。

しかも、タイトルを獲れる可能性は、リーグ戦よりも高い。1年間通して戦うリーグ戦は、チームの総合力が問われるし、全体のレベルが高い。でも、ACLは、まだまだ国によって温度差もあるし、実力差がある。すべてが一発勝負みたいなところがある。その上まだ日本では、どこのクラブもそのタイトルを獲得していない。

今年はACLを獲りたい。その一心だった。

ところが、周りのモチベーションが上がらない。「国内では盛り上がっていないですし、日程も大変。国内リーグもありますからね」というチームスタッフもいるくらいだった。

実際、日程もサポーターやファンに認知されておらず、予算も少なかった。しかも、日本サッカー協会やＪリーグから、出場クラブに対するサポートはほとんどない。

それが、そのまま結果に表れてしまった。

ＡＣＬ初挑戦は、３勝２敗１分けの成績で、予選リーグ敗退で終わった。Ｊリーグに臨む姿勢と同じように戦っていたらもっといい成績が残せたに違いないと思うと、非常に残念だった。

しかし、２００７年にＡＣＬに挑んだ浦和レッズが、周りの見方を１８０度変えてくれた。浦和レッズはＡＣＬを獲るために、代表クラスの阿部（勇樹）らを補強した。さらにスタッフを大幅に増やして現地視察をするなど、チームを全面的にサポートし、優勝を成し遂げたのだ。

そしてＡＣＬを制した延長線上には、クラブワールドカップ（ＣＷＣ）という、世界最強のクラブチームと戦える舞台が待っている。浦和レッズの快進撃と世界への道筋ができたことが、ＡＣＬのステータスを上げてくれたのだ。

２００８年、私にとって2度目のＡＣＬ挑戦が始まった。

初挑戦の２００６年の時は、何も分からない状態で、選手もスタッフもモチベーションを持てないまま戦って、敗れた。周囲がクールな中、自分だけが盛り上がり、本気で戦えなかった悔しさがあった。

今回は、選手たちの目の色が変わっていた。「今度は自分たちが」という気持ちが強く出ており、モチベーションも非常に高かった。

その要因のひとつは、２００７年にＡＣＬで優勝した時の、浦和レッズのサッカーのスタイルにあった。

ＡＣＬを持ち味である守備の強さで制し、ＣＷＣではＡＣミランに０－１で負けた。だが、その内容は私にはあまりにも消極的に見えた。

私は、ＡＣＬをガンバ大阪の攻撃的なスタイルを貫いて制し、ＣＷＣで日本のサッカーを世界に示したいと思っていた。ガンバ大阪だったらそれができるし、強豪相手にやり切れば世界から評価されるかもしれない。少なくとも認知はされるはずだ。そういう監督としての野心も働いていた。

また、ＡＣＬはＪリーグ以上の価値があるという共通認識を、クラブも持つようになっていた。ガンバ大阪はクラブ一丸となって、戦う準備ができていたのだ。

グループリーグのホームでの初戦チョンブリFC戦は勝って勢い良くスタートしたかったが、1－1のドローに終わった。このホームでの引き分けは、想定外だった。攻撃的なチームなのに点が取れない。2年前のように予選リーグで終わってしまうのではないかという危惧が生まれた。

しかし、第2戦の全南ドラゴンズ戦がすべてを変えてくれた。立ち上がりから選手たちの動きが悪く、0－2でリードされたが、粘って、最終的に4－3で打ち勝ったのだ。

この試合で、初めてACLは甘くないなと思った。各国の力の入れようをひしひしと感じたのだ。

すでに始まっていたリーグ戦ではポゼッションはできているし、内容的にも優勢に進めている試合が多かった。しかし、なかなかゴールを奪えなかった。

それは「決定力不足」という問題もあったのだが、この試合ではバックアップ組の播戸(竜二)らががんばってゴールを奪い、得点力不足というトンネルから抜け出すことができた。

ガンバ大阪は2度目のACLで、予選リーグを4勝2分けの無敗で突破した。

ＡＣＬ準決勝の相手は、浦和レッズだった。

前年のＡＣＬ王者に、なんとかスタイルの違いを見せつけて勝ちたい。それは私のみならず、選手たちも強く思っていた。

その気持ちが、準決勝の第２戦に出た。前半、高原（直泰）のゴールで浦和レッズに先制点を奪われた。だが、私たちは、まったく動じていなかった。

後半19分、セットプレーから山口（智）がゴールを決め、同点に追い付いてからは完全に流れが変わった。浦和レッズは防戦一方になり、ガンバ大阪は攻撃のギアが一段上がり、押せ押せムードになった。明神（智和）の逆転ゴールが決まった時点で、私は決まったと思った。その後も逃げ切ることをせず、遠藤（保仁）の追加点で３－１で勝利を収め、決勝進出が決まった。

決勝の相手、アデレード・ユナイテッドは、戦前のスカウティングでは戦力的に我々よりも劣るという評価だったし、ビデオを見てもこの相手なら勝機はあると思っていた。

また浦和レッズに勝って、日本の代表という責任、Ｊリーグのプライドもあったので、絶対に負けるわけにはいかなかったのだ。

ホームで3－0で勝った時点で、ほぼ決まった。アウェイでも前半の序盤で2－0になり、相手も戦意を喪失していた。あまりにもあっさりと勝負がついたので、拍子抜けしたくらいだった。

ACLを獲れたのは、我々が自分たちの攻撃的なサッカーを終始貫くことができたのが大きかったが、相手に助けられた部分もあった。対戦相手は、ほぼ全チーム、ガンバ大阪の超攻撃的なスタイルを理解していなかったのだ。

きちんとスカウティングをしていれば、我々に対しては、ホームであっても守備から入った方が有効だということが分かったはずだ。しかし、どのチームもガンバ大阪の攻撃的なスタイルを無視するかのように、前に出てきてくれた。

そのおかげで、得意な打ち合いの展開に持ち込むことができた。打ち合いに持ち込めば勝てる自信があった。Jリーグでは研究されていて、良さを消しに来るチームが多かったが、ACLでは非常に戦いやすかった。

ACLについては、まだまだ課題が多いのは確かだ。

各国のモチベーションや価値観には差があるし、国内に目を向ければ、過密日程の問題を始め、日本サッカー協会などのバックアップ体制は不可欠だが、それもなかなか難しい。

今後どう大会の価値を高め、ステータスを維持していくのか。日本が優勝から遠ざかっている今、クラブやJリーグ、日本サッカー協会がひとつになって考えていくことが必要だと思う。

クラブワールドカップへの挑戦

長年かけて築き上げたガンバ大阪の攻撃的サッカーが、世界でどこまで通用するのか。それを試す絶好の機会が、2008年のクラブワールドカップ（CWC）だった。

欧州や南米、アフリカ、アジアなど、各大陸のクラブ王者が集い、世界一のクラブを決める大会である。この大舞台で、攻撃的サッカーを貫き、ひとつでも多く試合をする。それはチームにとって何よりの経験になる。

欧州の代表であるイングランドの名門、マンチェスター・ユナイテッドとの対戦は、強く意識した。順当に勝ち進めば、マンチェスター・ユナイテッドとは準決勝で当たる。まずは、そのステージに必ず行くと決めた。そこまで行けば、3位決定戦を含めて3試合を戦えるからだ。

ただ、マンチェスター・ユナイテッドに勝って決勝に行くというよりも、自分たちのサッカーを出し尽くしたいという思いが強かった。

もちろん、すべてが通用するとは思っていない。しかし、相手がマンチェスター・ユナイテッドだからといって、自分たちが築き上げてきたサッカーを変えて戦いたくはなかった。ガンバ大阪のスタイルがどこまで通用するのか、単純に試したかったのだ。

正直に言って勝つ可能性は、低い。だが、1点を奪う隙はあると思っていた。

アトランタ五輪で戦った際のブラジル代表もそうだったが、強豪チームは実力差があるチームと対戦する時、最初から100パーセントの力では来ない。「そのうち本気を出すよ」という顔をしながら、50、60パーセントの力で、いなしながら戦う。そして、ある瞬間に質の高い動き出しで、一気に点を取りに来る。

マンチェスター・ユナイテッドといえども、90分間、常に集中しているわけではない。アトランタ五輪のブラジル戦のように、こちらが相手のウィークポイントを狙い、一瞬の隙を突けば、ゴールを奪える可能性はあると思っていた。

もうひとつ、流してくる相手に火をつけて、慌てさせてやりたかった。

60パーセント程度で流してくる彼らに対して10回チャンスメイクするよりも、100パーセント本気にさせた中で1点奪いたい。

そのためには、こちらが多少無理をしてチャレンジする必要がある。オーバーワーク気味でもいいから積極的にプレッシングサッカーを仕掛けた。そこでうまく点を取れれば、相手も本気になるだろう。マラソンでいえば、最初の10キロまでトップで走って、ペースをとる。それが、ガンバ大阪の作戦だった。

予想通り、相手は最初、流して様子を見に来た。それもあって序盤は自分たちがボールを回すことができ、リズムは悪くなかった。

ところが相手がエンジンをかけ始めると、途端に様相が変わる。ボールを取りに行っても簡単にかわされ、セットプレーからクリスティアーノ・ロナウドに決められるなど、簡単に2点を奪われてしまう。

後半、マンチェスター・ユナイテッドは、少しスローダウンして試合に入ってきた。ガンバ大阪は前半同様、自分たちからアクションを起こして、攻撃的に行った。

後半29分、その攻めの姿勢が実を結び、流れるような攻撃から山崎（雅人）のゴールで1点返して2－1になった。

本当の勝負は、ここからだと思った。

ところが、そこから欧州王者のプライドと、本物の凄さを見せつけられることになる。後半30分、33分、34分と、たった4分の間に、ウェイン・ルーニーのゴールなどで一気に3点を失ったのだ。チーム力の差というよりも個人能力の違いだった。

マンチェスター・ユナイテッドは、常に4人が前線に張り付き、ロングボールで1対1の勝負を仕掛けてきた。個人の打開が生命線で、絡んでも2、3人だ。それにもかかわらず、簡単に守備網を突破された。

特に、個人の質の差を感じさせられたのは、中澤(聡太)がルーニーにアッサリと抜かれて、3点目のゴールを決められたシーンだ。中澤はルーニーの動きをスカウティングで理解していたはずだったが、赤子の手をひねるように、簡単にやられてしまった。

最終的には3－5というスコアで敗れたが、自分たちのサッカーを貫いて戦えたという、それなりの爽快感はあった。

スタジアムのファンや世界のサッカーファンの目に、ガンバ大阪のスタイルを少しは焼き付けることができたのではないだろうか。それまでリーグ戦で最少失点だったマンチェスター・ユナイテッドからテンポのあるパス交換と動きの連続性で3点取れた。それはチームにとっても個人にとってもある程度の自信になったと思う。

ファーガソン監督からのひと言

ＣＷＣは、結局３位決定戦でパチューカを破り、３位になった。

「世界３位だよ」と、岡田（武史）監督にも言われたけれど、私自身にそんな実感はなかった。２回勝って、１回負けた。これで世界３位のクラブになったなんて、とても考えられない。あくまでこの大会での３番に過ぎない。

マンチェスター・ユナイテッドには、クラブとしての重みを感じた。どんな大会でもしっかりと結果を残し、歴史をいくつも刻んでいくことで、クラブの伝統が育まれる。伝統の力は、その積み重ねから生まれるのだろう。

アレックス・ファーガソン監督からは、指揮官の威厳が感じ取れた。

その印象は、かつてアトランタ五輪で戦ったブラジル代表監督のマリオ・ザガロから感じたものに酷似していた。

私たちはアトランタ五輪で世紀の番狂わせを演じ、ブラジルに勝った。にもかかわらず、ザガロ監督は敗北を決して認めなかった。１試合負けた程度では、俺たちは揺るがない。そういう姿勢を明確に示し、その様は威厳に溢れていた。

ファーガソン監督からは、試合後に「いいゲームだった」と言われたし、ガンバ大阪のサッカーに少し驚いた面もあったようだが、その目はまったく笑っていなかった。

「善戦して喜んでいる場合じゃないぞ。ホームだし、このくらいやれて当たり前だ。俺たちとの差はまだまだある」

そんなプライド、格の違いを宣言されたように思えた。試合後、きちんと握手をするなど挨拶に行っていれば、もう少し優しい言葉をかけてくれたかもしれないが（笑）。

確かに、それは私も実感していた。自分たちのスタイルを押し出して、相手を驚かせてやりたいというのが、ひとつの目標だった。それを完璧ではないにしろ、多少はできたことへの達成感はあった。周囲からも強豪相手に「善戦した」と評価してもらった。

しかし、所詮は、負けているのだ。どんな相手にせよ、勝負事は勝って初めて評価される。だから、ファーガソン監督は、安易な褒め言葉など決して口にしなかった。

選手たちも私と同じような感覚を持っていたようだ。

ＣＷＣでパチューカを破り、３位になってもまったく喜んでいなかった。

そう感じたのは、自分たちのスタイルをやり切って、あの「4分間の本気」を引き出し、本物を肌で体験できたからだ。

選手たちの成長を感じられたのはCWCが終わった直後、天皇杯、準々決勝の名古屋グランパス戦だった。後半25分ぐらいまでは、もう完璧な内容だった。

CWCの国際経験やACLでの優勝経験により、選手に「俺たちは十分やれるんだ」という自信が生まれた。さらに難しい試合を勝ち進んでいく中でチームメイトを信頼し、受容していく関係が築かれた。そうしてチームとしてまとまったからこそ、これだけの強さを見せつけることができた。

この名古屋グランパス戦とCWCのマンチェスター・ユナイテッド戦は、翌年のキャンプ前にイメージビデオとして使った。名古屋グランパス戦は攻撃のいいシーンを編集し、マンチェスター・ユナイテッド戦は、後半ほとんどノーカットだった。今年もガンバ大阪は、こういうスタイルで行くという意識を徹底させるためだ。

天皇杯決勝の柏レイソル戦も、スコアこそ1－0だったが、圧倒的な力の差を示し、勝ち切ることができた。それは、やはりACLとCWCで得た自信があったからに他ならない。

それに、ガンバ大阪はリーグ戦8位だったので、ACL出場権を獲得できていなかった。天皇杯に優勝することでその権利を獲得することができる。そのモチベーションが相手より勝り、力の差となって出たのだと思う。

いいチームをさらに良くすることの難しさ

2009年は私が監督として初めて、変化することへの恐さと迷いを感じたシーズンだった。

2005年にJリーグで優勝し、2008年にACLを獲った。クラブワールドカップ(CWC)にも出場し、そのシーズンは、年間61試合も戦い、ある意味、チームとして全力を出し尽くした感があった。一種のバーンアウトに陥っていたと言ってもいい。

だから、CWCが終わった直後はさらにチーム力を上げるために、チームにもっとドラスティックな変化が必要だ、もっとチャレンジをしなければならないという思いでいた。マンチェスター・ユナイテッドのように、強豪にふさわしい力を身に付けて、素晴らしいチームにしたいという気持ちもあった。

しかし時間が経過し、前年の戦いをよくよく振り返ってみると、8年間自分たちのスタイルを継続してきたことの力に、改めて気付いた。

ここまでの結果が出たのも、練習も含めてやり方を変えず、単調ながらも質の高い日々を愚直に継続してきたからだ。それこそが、チームの強みであり、チームの武器だ。同じことを毎年繰り返していくことでチームは安定し、いい結果を出せている。今まで良かったものを、進化させるために特別に変える必要があるのだろうか……。

もちろん、新しい選手も入るし、若干、編成については考える余地はある。だが、トレーニング方法や試合へのアプローチを大きく変える必要があるのか。そう考えると、2009年も基本的に今までと同じスタンスで臨んだ方がいいのではないか、という気持ちも芽生えてきた。

いいものを改良し、さらに良くすることは非常に難しい。

サッカーは繊細なスポーツだ。ひとつボタンを掛け違えただけで、一度かみ合った歯車がバラバラになりかねない。

結局はそのリスクを考え、チームの現状の力を維持しつつ、選手の入れ替えなどで対処していく方法を選ぶことにした。

ただし、補強は積極的に行った。チョ・ジェジン、レアンドロ、高木（和道）、パク・ドンヒョクらを獲得し、新しい血を入れて競争させ、活性化しようとしたのだ。

しかし思ったような効果は生まれず、シーズン序盤、チームの出足は鈍かった。

戦力の上積みのために新しい選手を獲得したが、それは外的な刺激であって、選手の内側から湧き出てくるモチベーションではない。

もちろん選手たちにもっと成長したいという思いがなかったとは言わない。

だが、2008年の達成感は、次の目標を見つけ、達成するというモチベーションを明らかに低下させていた。

その結果リーグ戦こそトップ3に入ったが、ACLはベスト16で川崎フロンターレに2−3で敗れ、2連覇の夢は早々に潰《つい》えることになる。ACLで勝って、またCWCに出場し、世界の強豪クラブと対戦することが目標のひとつだっただけに、ショックは大きかった。

高齢化するレギュラー選手を抱えながら、どう活性化し、チーム力を上げていくのか。私自身、物足りないと感じた内容をこれからどう高めていくのか。指揮官として、いろんなことを見詰め直すシーズンになった。

2010年はさらに難しいシーズンだった。

それまで私は、スタイルを貫いて勝つことにこだわって戦ってきた。

だが、就任9年目を迎え、私の考えはチームに奥深く浸透し、選手は自然と攻撃的に戦ってくれるようになっていた。

よく野球の世界では、監督が何もしないで勝てるのが一番と言われる。攻撃陣が大量点を奪い、投手が安定したピッチングをする。監督はベンチの奥で座ったまま試合が終わる。

確かに、サッカーにもその一面はある。監督が動かなくても意図をくみ取ってオートマティックに選手が動き、ゴールをたくさん奪って勝ってくれることほど嬉しいことはない。

そのシーズンは、いつも通りのサッカーで勝っても、どこか物足りなさを感じていた。結果が出ていることに対しては満足しているのだが、どういうわけかしっくりこない。

また、勝つこと以上に、ゲーム内容に対する私の要求が高くなりすぎて、現実との折り合いがつけられなくなっていたこともあった。

常勝チームは他を圧倒しなければいけないと思う自分と、100パーセント出し切ってやっている選手たちへ、もっとできると要求していいのかと思う自分がいた。

私自身、就任初期の頃は当たり前のようにやっていたことを、いくぶん省略するようになっていた部分は、確かにあった。

選手との接し方やコミュニケーションについても、以前は、積極的に声をかけたり、個別に呼んで話をする機会が多かった。レギュラーで使うとか、サブに回すとかいう話だけではなく、普通にコミュニケーションを取るのはもちろん、戦術的にうまくいかない時も選手と話をして、選手の考えを聞いていた。

だが、長年一緒にやっているとつい、言わなくても分かっているだろうと思ってしまう。長い時間を共有し、関係が密になりすぎたがゆえに、コミュニケーションを取るという大切な行為を、無意識に省略してしまっていたのだ。

しかも新しく入ってきた選手にも同じ対応をしてしまい、今思えば選手の良さを引き出す作業が足りていなかった。

これが慣れというか、マンネリというものなのかもしれないが、信頼しているがゆえに「何も言わなくてもやってくれるだろう」と思っている自分がいたのだ。

そんな状態だから、マスコミからは、「選手たちとの距離がある。チームを指揮するモチベーションが落ちているのではないか」と、言われた。

ガンバ大阪を指揮している10年間で、やる気を失ったとか、勝負にこだわらなかったことは一度もない。成功はより向上する方向へと監督を導いてくれるものだが、知らぬ間に、その場に安住してしまったのかもしれない。

今にして思えば、進歩を追求していく力が必要だったし、自分自身にもっと厳しくあるべきだった。そうすれば、2009年、2010年、2011年は、もっと違うガンバ大阪を見せられたのかもしれない。

シーズン前に、優勝を公言しない理由

ガンバ大阪は、2005年にリーグ優勝を果たした時から常勝チームと呼ばれるようになった。

2007年にはヤマザキナビスコカップ、2008年はACLと天皇杯制覇、2009年は天皇杯を獲ってきた。2010年、2011年は無冠に終わったが、2位、3位と常にリーグ戦の優勝争いには絡んでいた。

一度優勝すると不思議なことに、クラブのフロントを含め、全体がなぜか「勝つのが当たり前」という雰囲気になる。2005年に優勝してから、ガンバ大阪は優勝以外、認められなくなった。

私が、「トップ3が目標だ」と言うと、2008年以降は毎年のように、「なぜ、優勝と言わないのか」と、社長にたしなめられた。

私は基本的に、始まる前に「優勝する」とは言いたくない。

確かに、目標は優勝だ。しかし勝負は、やってみないと分からない。しかも、前年に優勝したからといって、選手が替われば、チームはまた一からのスタートになるのだ。

キャンプを終え、シーズンを戦うチームを把握した時点でなら、ある程度予測めいたものは言える。だが始動時に立てる目標は、どうしても楽観的な理想論になる。チームが始動し、分析した上で正確な目標設定をしたいのだ。

ただ自分の中では、終盤までにトップ3につけていれば、何かプラスアルファの要素でトップに立つことができる。いつもそう考えていた。

選手たちも同じような感覚だったと思う。

シーズン中盤まで自分たちのスタイルのサッカーをしていても、夏場になると、どうしても体力的に難しくなる時がくる。そういう時は、コンディションを考え、ディフェンスから入り、カウンターからリズムを掴んだりして、自分たちのペースに戻していくという工夫もしていた。

もしそれで結果が出なくても、選手たちは「今、少し悪くても、結局秋にはトップ争いをするんだから」と、焦ってはいなかった。

ただ、そうは思っても、なかなかうまくはいかない時もある。

秋には同じような順位にいるのだが、最終的には優勝に届かない。

10年間やって、リーグ戦でトップ3には8回入ったが、優勝できたのはたった1回だった。指導者として最後の詰めの甘さを感じるが、同時にこの数字は、いかにリーグ優勝するのが難しいかを物語っているといえよう。

スタイルを確立することの意味

アトランタ五輪でブラジルから1点奪えたのは、選手がワンチャンスをとことん追求したからだ。それゆえ、DFとGKが交錯してゴールががら空きになるというミスを誘って、ゴールを奪うことができた。

勝てたのは奇跡かもしれないが、ゴールは奇跡でも何でもない。狙いを持ってプレーした結果なのだ。それがないと、勝負は面白くない。

そもそも私は、引き分けで勝ち点1を狙い、「負けなくて良かった」という雰囲気が好きではない。ガンバ大阪は毎年引き分けが少なかったが、それは私が勝負に決着をはっきりつけたいと思っているからでもある。

だからガンバ大阪は勝負が決まったと思われた後も、さらにたたみ掛けて点を取ることが多かった。そういうことの積み重ねもスタイルの確立につながるのだ。

もちろん、悪い結果を招くこともある。ロスタイムに追い付かれたり、攻撃に行っても点が取れなかったりした時もあった。カウンターを受けて負けたり、そういう試合が続くと、さすがに采配の甘さを感じるし、「守備も」という気持ちになることも、なくはない。

だが、スタイルさえ確立していれば、調子が悪くても比較的早く軌道修正できるものだ。また、「自分たちは他チームよりも魅力的なサッカーができている」という意識があれば、それが自信となり、拠《よ》り所になって、相手がどんな策で来ようとも動じることなく戦える。

そのせいか、こんなことがよくあった。スカウティングでは、非常に攻撃的なチームだったのに、いざ対戦すると非常に守備的になっている。対ガンバ大阪ということで、戦術を変えてくるのだ。そうなると、なかなか点が取れなくなる。攻めてはいるが、効果的な打開策が見出《みいだ》せず、ジリジリと時間が過ぎていく。

そういう時は、自らのスタイルを捨てて、パワープレーに出ざるをえないこともある。

だが、私がそういう意図を持って選手交代のカードを切っても、しばしば選手たちは「俺たちは、そんなチームではないでしょ」と、必要以上にパスを回し、崩そうとした。その頑固さは、私も苦笑するほどだったが、やはり時間と状況を選ばないといけない。

終盤でロングボールを多用するということは、負けているか、ドローの状態だ。点を取るためには、ボールが相手ゴール近くにないといけないし、人数も割かないといけない。

相手は全員で守っているのに、そこをパスで打開するのは、FCバルセロナだって難しい。それでも選手たちは、執拗《しつよう》にパスで打開することにこだわった。いったい、どこまで崩せば気が済むんだという感じだったし、それで墓穴を掘ったりもした。

そのリーダーが、遠藤（保仁）だった。遠藤は、私以上にパスサッカーに、自分たちのスタイルを押し通すことにこだわっていた。そういう選手がいたからこそガンバ大阪は、ガンバ大阪らしいスタイルを極めることができたとも言えるだろう。

継続してチームを率いることのメリット

ガンバ大阪を指揮していた時は、他のチームを率いることなど想像もできなかった。建設中の新しいスタジアムのピッチに自分がいて、チームや環境が変わっていく中でも、このチームを指揮していくんだろうなと思っていた。

フロントからも、「ぜひ、新しいスタジアムに立ってほしい」と言われていた。

そのためには、もっとチーム力を上げなければならない。今の中心選手、遠藤（保仁）や加地（亮）、明神（智和）らは、みんな30代半ばになる。若い選手の育成を考えつつ、チームの将来のヴィジョンを考えていた。

現在のJリーグは、監督の在任期間が非常に短い。その反発から、長期的に指揮していきたいという思いもあった。

Jリーグの監督は、成績が落ち込むとすぐに解任される。その先に何かヴィジョンがあるわけでもなく、結果が出ないからと簡単に交代を余儀なくされるのだ。

そういう流れの中、一人ぐらい、ひとつのクラブで長期間監督を続けている指導者がいてもいいのではないかと思っていた。

Ｊリーグを見渡しても、ここ10年、Ｊ1で3年以上監督を続けたのは、私以外では、名古屋グランパスのストイコビッチ監督、柏レイソルのネルシーニョ監督、ベガルタ仙台の手倉森監督、鹿島アントラーズのオリベイラ前監督、サンフレッチェ広島のペトロヴィッチ前監督、ジュビロ磐田の柳下元監督、清水エスパルスの長谷川前監督、セレッソ大阪のクルピ前監督、アルビレックス新潟の鈴木（淳）元監督らしかいない。これらの監督と同様に素晴らしい監督はたくさんいるのだが、ひとつのチームを長く率いるのは難しいのだ。

短期間で監督が交代すると、どういうことが起こるのか。

クラブが求める結果が出ていないから解任になったわけで、途中で監督に就任した人間は、すぐに結果を求められる。その際、必要な選手をすぐに獲得できる資金力のあるクラブならまだいい。他チームからいい補強をしてきて、一時的に凌げるかもしれない。

だが、多くのクラブは、そうはいかない。現有戦力で戦わなければならず、その際、まず負けない戦い方をするようになる。失点が多く、下位に低迷したチームが打つべき手段は、まず守備の整備とストライカーの確保なのだ。

切羽詰まった状態では、クラブにとって一番重要なチームのヴィジョン、スタイルは後回しにされる。結果と安定感を求めて、ベテラン、中堅の選手起用が中心となり、若い選手などの思い切った起用も難しくなる。そうなると将来のチームを支える選手が育たなくなり、一時的な修正で終われば、チームは一気に弱体化していってしまうのだ。

だが、長期的にチームを任せてもらえれば、チームの軸であるスタイルを作りつつ、若い選手を育成しながらトップに上げ、バランスの取れたチーム作りができる。結果が出るまでには多少時間はかかるが、ブレずに着実に積み上げていけば、やがて強いチームに変貌していく。

それを実現しているのが、マンチェスター・ユナイテッドやアーセナルFCだろう。昨年退任したファーガソン監督も、ベンゲル監督も、ともに長期政権で素晴らしいチーム作りをした。

日本では、鹿島アントラーズがジーコのスピリッツを継承し、Jリーグスタート以来、変わらぬスタイルを維持している。外国籍選手は必ずブラジル人で、若手選手を大量消費するのではなく、レギュラー候補を確実に一人、二人、獲得する。チームの伝統を重んじつつ、戦略的なチーム作りをする姿勢をそこに垣間見ることができる。

私もガンバ大阪でスタイルを作り上げ、10年間である程度のことはできたと思うが、これを継承していくのは選手であり、サポーターであり、そして、フロントである。

監督を信頼し、長期でチーム作りを任せてくれるクラブが、これから少しでも多く出てきてくれることを望んでいる。そのためには、クラブ側にもチームのヴィジョンを考え、監督を選ぶ確かな目が必要になる。それができれば各クラブのカラーの違いがより鮮明になるだろうし、名監督や個性豊かな指導者が育ち、いずれ世界のクラブで指揮を執るような監督が出てくるかもしれない。

そうした監督、指導者といった人材を育てることは選手の育成と同様に日本サッカー界の未来のために必要なことなのだ。

第4章 新たなる挑戦と、世界との距離

ガンバ大阪からヴィッセル神戸へ

Jリーグの監督という仕事は、狭き門だと思う。

J1、J2合わせても監督になれるのはたった40人。だから、Jリーグの監督資格であるS級ライセンスを取っても、なかなかチャンスは回ってこない。

もし監督になれたとしても、チームの成績が低迷すればいつ解任されてもおかしくない。解任されれば、ときには指導者としての評価に傷が付くこともある。その失敗を恐れるあまり、監督の話がきても、慎重に構えてしまう場合もあると聞く。

だが、私は常に走り続けたいタイプの人間のようだ。

柏レイソルで3年半、ガンバ大阪では10年間監督を務めたが、「もう監督はやりたくない」という気持ちになったことは、一度もなかった。

確かに監督業は、非常にプレッシャーがかかるし、苦しいことの方が多い。

だが、若い選手たちの成長を感じたり、チームがタイトルを獲得して苦楽をともにした選手、ファン、サポーターたちと栄光を共有できたりすると、つらいことも忘れてしまう。

だから2011年を最後にガンバ大阪の監督を退任した直後も「しばらく休みたい」とは思わなかった。10年間ひとつのチームを率いて、契約を満了した後の脱力感のようなものはあったが、監督という仕事から解放された、という気持ちにまではならなかった。

2012年に入るとすぐに監督業へのモチベーションが戻っていた。解説者のオファーもたくさんいただいたが、興味を持てなかった。そして、すぐに毎日の時間を持て余すようになった。つくづく、走り続けていないと我慢できないタイプだと思った。

ヴィッセル神戸からオファーが届いたのは、2012年4月のことだった。

だが、シーズン途中に監督引き継ぎの話があるというのは、そのチームが機能していないことの証左だ。

ヴィッセル神戸は、それまで率いてきた柏レイソルやガンバ大阪とは異なり、オーナーがあらゆる権限を持ち、運営するタイプのクラブと言える。オーナーのヴィジョンやサッカーへの思いが、チームの運営にダイレクトに反映される。

もちろん、チームスタイルも、今までやってきた自分のスタイルとは異なっていた。

それでもヴィッセル神戸のオファーを引き受けたのは、現場への執着ゆえである。挑戦してみたいという気持ちが勝ったし、オーナー型のクラブに対する興味もあった。海外では、アブラモビッチ会長のチェルシーのように、剛腕オーナーのもと、強豪クラブに発展したチームも少なくない。

監督に就任してすぐ、オーナーに言われたのは、「ACL出場を目指してほしい」ということだった。つまり、Jリーグのトップ3に入るということである。

ヴィッセル神戸は、2009年は14位、2010年は15位とJ2降格争いを演じた。2011年に9位に入り、ようやくひと桁順位に入ったばかりだった。

2012年は、鹿島アントラーズから田代（有三）と野沢（拓也）、ガンバ大阪から高木（和道）、橋本（英郎）ら即戦力のベテラン選手を多数獲得し、さらなる飛躍が期待されていたと思う。

だが、私がチームを引き継いだ時点での順位は5勝7敗の11位。ここからトップ3に入るのは、容易なことではない。

シーズン途中からチームを率いたことはなかったので、準備期間がないことも正直、不安材料ではあったが、それは承知の上だった。

ただ、サッカーはビジネスのように投資をすれば、すぐにリターンが生まれる種類のものではない。私は、オーナーに率直に言った。

「ACLは、補強を含めて着実にチーム力を上げていった延長線上に、初めて見えてくるものです。毎年、降格争いをしていたチームをいきなりそのステージに持っていくマジックを、私は持っていません」

オーナーは怪訝《けげん》な表情を浮かべていたが、思わせぶりの台詞《せりふ》を言ったところで何にもならない。オーナーは監督として雇った以上は、即結果を出すのは当然という考えだった。それが経営者のトップとしての信念なのだろう。

契約内容は複数年だったので、私はクラブとヴィジョンを共有し、着実にチームを作る腹づもりだった。だが、現実的には時間的な猶予はそれほど与えられないかもしれないと思った。

神戸に受け継がれてきた「伝統」

新監督が最初のゲームで、誰をスターティングメンバーに選ぶか。そこには大きなメッセージが含まれているものだ。

私は神戸の練習を2、3日見た上で、最終的には自分の判断で選んだ。それまでのレギュラーには固執しなかった。その中には、20歳の小川（慶治朗）と21歳の森岡（亮太）という若手もいた。怪我人が多かったこともあり、結果的に、かなりドラスティックな変化になった。

ただ、あえて代えない選手もいた。日本代表選手でもある、伊野波（雅彦）だ。

彼はヴィッセル神戸では、ずっとボランチで使われていた。1対1に強く、ヘディングの力もある。さらに、フィードも正確だ。守備的なポジションならばどこでもできるユーティリティーな選手だが、私はセンターバックとしての適性が一番あると考えていた。

伊野波は、ヴィッセル神戸に入る際、「ボランチをやってプレーの幅を広げたい」と希望したという。

チームはそれを受け入れ、本人もボランチのポジションに、一生懸命に取り組んでいた。だから私が来て、すぐにセンターバックに戻してしまったら、彼自身のモチベーションが落ちてしまう可能性もある。

だが、私は、伊野波を呼んで話をした。

「チーム状況では、サイドバックやボランチをやってもらう可能性もあるが、私はできるだけセンターバックとして起用したいと思っている」

「分かりました。どこでもやります」

話をすると意外と、ポジションに固執しないタイプだと分かった。

中に入って初めて分かったのだが、ヴィッセル神戸というチームには、長年培ってきた「彼らのスタイル」が、想像以上に深く根を張っていた。それはむしろ、「伝統」といった方が正しいのかもしれない。

それは、徹底したリアクションサッカーだった。まずは守備意識を強く保ち、攻撃はＤＦからのロングボールを主体とするスタイルだ。

私は、カウンターを否定しているわけではない。現在、Ｊリーグを始め、世界でも得点の多くはカウンターから生まれている。

スペインのレアル・マドリードなどが見せるカウンターは、常に前線からプレッシャーをかけ続けた上でのショートカウンターを主体としたスタイルだ。それが２０１２年、レアル・マドリードをスペインリーグのチャンピオンに押し上げた。

だが、ヴィッセル神戸のカウンターは、ＤＦラインを下げた上で、マイボールになったら前線に大きくボールを蹴り出し、ＦＷの競り合いに任せるタイプの、まだまだクラシカルなカウンターでしかなかった。もちろん成功する時もあるが、これではコンスタントにはゴールは決められない。

カウンターとポゼッションの併用

ヴィッセル神戸の選手は、非常に真面目で、真剣にサッカーに取り組む選手ばかりだった。しっかり守ってカウンターと言われたら、みんな素直に戦術を理解して一生懸命にやろうとする。それが全体的な意識の統一感につながって、シンプルなカウンターへのダイナミズムが生まれていた。これは、ガンバ大阪にはない、ヴィッセル神戸の良さだった。

だが同時に、そのことに集中しすぎるあまり、他の選択ができなくなっている節があった。

私は、ヴィッセル神戸の伝統であるカウンターサッカーを、できるだけ得点確率が上がるように修正しながら、ロングカウンターからショートカウンターへ、同時に少しずつ、ポゼッションサッカーにも挑戦させた。

ヴィッセル神戸の選手の多くは、ポゼッションをして中盤でボールを動かすことに慣れていなかった。

練習でも、グループでボールを回していると、必ずどこかでノッキングした。２つ、３つ先の動きについて共通のイメージが描けないと、いいポジションや姿勢でボールを受け直すことはできない。危険な位置でボールを失うリスクを恐れて、ボールを大きくフィードしてしまう。それは、キック＆ラッシュに慣れてきたがゆえの、ひとつの弊害だった。

つなぐためには、パスの意識だけではなく、判断も重要だ。速攻すべきなのか、それとも慌ててゴールを狙わず、ボールを保持するべきなのか。

だからまずは、その判断力を鍛えるためのトレーニングをした。

具体的には、いろんな制限を加えてパス回しをする。ボールを回すスペースを制限して、ツータッチにしたり、ワンタッチにしたりする。横に狭くすれば必然的に縦に出さざるをえなくなる。そうして、ボールを動かす感覚、スピード、判断などを養っていく。

もともとヴィッセル神戸は体力的には優れている選手が多いので、少しテクニカルな練習を増やすようにした。

よく、ガンバ大阪のスタイルとヴィッセル神戸のスタイルが真逆なので「大変でしょう」と言われたが、そんなことはない。

いきなり、ガンバ大阪のような攻撃的サッカーを押し付けても、無理があるのは分かっていた。

ヴィッセル神戸が伝統的に持っているカウンターへの意識、守備から攻撃の意識というのは非常に高い。そうした良さは継承していきたいと思っていた。

ただ、全員でボールを奪って、ボールを大事にし、スイッチを入れて攻撃するコレクティブ（組織的）なサッカーも必要だ。そしてさらにポゼッションができれば、速攻も遅攻もできるようになる。

常に動き回るサッカーだけでは、体力的に厳しいし、カウンターしかないのではジリ貧になる。だから、状況に応じてつなぐ、ボールを保持することは重要だということを伝えていった。

だが事はそう簡単には進まなかった。余裕があってつなげる場面でも、選手自らが放棄して前線にフィードしてしまうのだ。

私は、最終ラインから一発でトップ目掛けて蹴らないようにするには、どうしたらいいのか頭をひねった。

そこで思い付いたのが、ゼロトップシステムだった。

この年のヤマザキナビスコカップは予選リーグ敗退がすでに決まっていた。いろいろチャレンジしやすい状況だったので、2012年6月6日の大宮アルディージャ戦で、それまで1トップとして使っていた小川（慶治朗）をサイドに置き、1トップには森岡（亮太）を入れた。森岡はもともと中盤の選手だ。小川のように縦に走るタイプではない。そして、野沢（拓也）をトップ下に置いた。選手は、このシステムに「えっ」と思っただろう。

センターバックの北本（久仁衛）は、ボールを持つと、まずスピードのある最前線の小川を探し、長いパスを出して走らせようとするクセがあった。だから、それができないように、小川をサイドに置いたのだ。

私は、こうなった時に北本がどうするのか観察した。予想では、このシステムではロングボールは出せないだろうと思っていた。

しかし、彼は、右の中盤にいる小川を目掛けて、ロングボールを多用していた。

試合後、北本を呼び、二人で話をした。北本はつなぐ技術を持っていない選手ではない。練習では、ショートパスしか使えない設定でトレーニングをしていたが、そこでは十分、つなぐことができていた。

6月末の川崎フロンターレ戦で都倉（賢）がゴールを決めたが、そこに出した北本の縦パスは素晴らしかった。そういうパスを出せる選手なのだ。

もちろん、狙いすぎてしまうと、パスカットされてカウンターを喰《く》らい、墓穴を掘る。でも、やればできる。だから「しっかりつないでほしい」と、伝えた。

だが、ロングボール主体のヴィッセル神戸のサッカーは、なかなか変わらなかった。

改革と抵抗のはざまで

私は、ヴィッセル神戸のサッカーのスタイルが、想像以上に深く、選手に染みついていることを改めて実感した。

何度も言うが、途中からチームを指揮することになった私は、最初からドラスティックに変更させようとは思っていなかった。

ヴィッセル神戸のいいところは継承し、変えるべきところは変えていけばいい。でもこのチームで長くキャリアを積んできた選手たちは、そうは思っていなかった。

驚いたのは、私が「こういう時にはこうした方がベターだ」と言っても、ある選手が「それがいいとは思いません。前から自分たちは、こういうスタイルでやってきているんで」と、これまでの自分たちのスタイルを壊すことを嫌がることだった。反論もしばしばあった。その主力選手が他選手に同意を求めると、チームはそういう雰囲気に流れてしまう。実際、試合中に私が攻撃のサインを出しても、その選手は「(攻撃に)行くな」と指示していた。

これは、チーム改革は、容易ではないなと思った。

この問題を根本的に解決するためには、最終手段だが、自分のヴィジョンを理解してくれる選手を補強するしかない。そのため夏の移籍市場で強化スタッフにボランチやストライカーなど、補強のリクエストを出したが、それもことごとく失敗した。

6月には、ヤマザキナビスコカップを挟んで4連勝し、浮上のきっかけになったかと思ったが、就任祝いみたいなものだった。

9月以降は、先制しても勝ち星を落とす試合が増えた。

例えば、9月29日のセレッソ大阪戦は、序盤で、2－0でリードして優位にゲームを進めていた。だが、さらに加速させようとすると、自分たちでブレーキをかけてしまう。強豪相手にリードしているのに怯《おび》えてしまい、ダメ押しをする勇気がなく、守備陣が攻撃をセーブするようになってしまう。

先行して、しっかりディフェンスをしていれば負けない。そういうスタイルのサッカーが染みついているのだ。そういう選手の中に脈々と流れている頑固な思考とスタイルを、私は変えることができなかった。

2012年11月7日、横浜F・マリノス戦に1－2で敗れた後、私は社長から解任を通告された。

まさに青天の霹靂《へきれき》だった。ちょうど1か月前のアルビレックス新潟戦の時、観戦しに来ていたオーナーから、「最低でも今シーズンの残り6試合はやってもらうから」と言われたばかりだった。

ヴィッセル神戸は降格争いの真っ只中《ま ただなか》にいたが、投げ出すつもりは毛頭なかった。だが、今にして思えば、その頃のチームのフロントは、そういうムードになっていたということなのだろう。社長には、こんな風に言われた。

「こういう結果でオーナーも決断したようなので、監督交代ということになった」

私は、「分かりました」と言って、すぐにホムスタを後にした。

今までに経験したことのない厳しい結論だったが、結果を出せていないのだから、プロの監督として責任を取るのは当然だ。

ただ、残留争いの中、3試合を残してチームを去るのは、選手や期待してくれたサポーターに対して申し訳ない気持ちでいっぱいだった。

日本代表の伸びしろ

初めてＷ杯に出場した１９９８年のフランス大会から15年。日本のサッカーは着実に力をつけていると思う。

２０１０年の南アフリカＷ杯は、対戦相手が決まった時に大きな可能性を感じた。

その理由のひとつは、初戦の相手がカメルーンだったからだ。確かにチーム力は高いし、強豪国だが、彼らはプライドが高いし、日本相手だと余裕を持ってやってくる。おそらく決勝トーナメントに合わせて、初戦にトップコンディションで来ることはないだろう。そこが狙い目だと思っていた。

実際ふたをあけてみたら、案の定、カメルーンのパフォーマンスは高くなかった。たぶん、日本のことなど、まったく研究していなかったのだろう。

ただ、日本もＷ杯前は決してうまく行っていなかった。

南アフリカに行く直前に岡田（武史）監督と一緒に食事をしたが、その時は「もうプレッシングはやめようと思う」と言って、戦い方に悩んでいた。

W杯本番では、絶望的だったチーム状況から中村（俊輔）を外し、阿部（勇樹）をアンカーにして、守備的なシステムで勝負に出た。

それが良かったし、FWに本田（圭佑）を置いたのも斬新なアイデアだった。ベスト16で終わったが、その戦い方は明らかにドイツ大会よりも大きく進歩していた。

これは、個人的な見解だが、W杯からW杯までの4年間の伸びしろは、日本は他国よりもはるかに大きい。ブラジルW杯までの準備期間も着実に成長しているし、組織を形成する選手個々の能力も非常に高いので、ブラジルW杯は、かなり期待できるのではないかと思っている。

というのも、非常に攻撃のバリエーションが増えているからだ。

それは、個人の質が上がったと同時に、発想を共有できているからだと思う。だから、中東やオーストラリアのようにタイプの違う相手に対しても、うまく相手の攻撃をかわして、自分たちのペースでサッカーができていた。

この攻撃を支えているのが、海外組の選手たちだ。

マンチェスター・ユナイテッドの香川（真司）、CSKAモスクワの本田、ニュルンベルクの長谷部（誠）、清武（弘嗣）、シャルケ04の内田（篤人）、インテルの長友（佑都）らを中心に、最近の海外組は、素晴らしいクラブで活躍している。

しかも彼らは、日本にいる選手たちにも刺激を与え、選手全体の経験値を上げている。それだけに監督には、個性の強い選手をコントロールする力が求められるわけだが、ザッケローニ監督は、そこのところも非常にうまくやっているのではないか。

日本はグループとして戦う力が非常に強いし、それが持ち味でもある。そして選手個々は、香川のように敏捷性《びんしょうせい》に優れた選手が多い。そういう特徴をうまく活かしてチーム作りをしている。

ブラジルW杯最終予選を突破し、コンフェデレーションズカップでは惨敗を喫したが、ザッケローニ監督のヴィジョンにブレはない。日本の特徴と選手の資質を見極め、南アフリカW杯の財産を活かしたサッカーを実践している結果と言えよう。

日本らしいスタイルとは？

今まで、日本サッカーは、スタイルがないとずっと言われてきた。

W杯では1998年フランスW杯は岡田（武史）監督が指揮していたし、2002年日韓W杯はフランス人のトルシエ、2006年ドイツW杯はブラジル人のジーコで、2010年南アフリカW杯は岡田だった。そして、ブラジルに向けてはイタリア人のザッケローニが指揮している。

これだけ国籍が異なれば、それぞれ異なるサッカーを標榜するのは当然だし、自分たちの国で経験してきたものを代表チームにフィードバックするので、日本らしいスタイルがなかなか見極められない。本当に日本人に合ったスタイルなのか、どうなのか、実際にチームを立ち上げてみないと分からないのである。

では、日本人の監督にこれからずっと任せていけば、同じようなチームができるのかというとそうではない。それぞれ考え方が違うので、チームの完成形は、異なるはずだ。

そこで統一感を持たせるには、早く日本のサッカーはこうだというスタイルを決め、ジュニアユースの世代から代表まで同じスタイルでサッカーをできるように、コーチングスタッフを含めた取り組みが必要になる。

日本では子供たちのサッカーを見に行くと、どの子がうまいのかすぐ分かる。たいてい、その子にボールが集まって、中心選手としてプレーしているからだ。

だが、例えばスペインでは、うまい子を見極めるのが簡単ではない。ポジションにかかわらず、当たり前のことをシンプルかつ正確にプレーしているので、みな同じくらいのスキルに見えるのだ。それは、年代別の指導カリキュラムが確立しているからに他ならない。金太郎飴《あめ》のようにどこを切っても同じサッカー、つまり子供の頃からどこのカテゴリーでも同じシステム、サッカーのスタイルを共有している。

だから、ユースのサッカーを見れば、この選手が成長したら、トップチームでどのポジションを務めるのか、一目瞭然なわけだ。そのくらい育成とトップがイメージを共有できている。

ドイツは、すでにその取り組みを2000年からスタートさせた。2000年の欧州選手権でグループリーグ敗退となり、危機感を募らせたドイツは、若い世代から代表まで同じシステムと指導で強化を続け、欧州屈指の強豪国の座を取り戻した。

ドイツやスペインのように、日本代表も「スタイル」をそろそろ作り上げなければならない時期にきているのではないか。

そのためには、日本という国のストロングポイントをより明確にする必要がある。

ところが、強豪との国際試合が頻繁にあるわけではないので、何が通用して、何が通用しないのかが、なかなか分からない。だから、なかなか思い切ったことができずに、アベレージ的な戦いをして、それなりのところに落ち着いてしまう。それが、FIFAランキング48位（2013年12月現在）という順位にも表れているのだと思う。

日本の特徴は、言うまでもないが技術力と結束力をベースとした、コレクティブなサッカーだ。

ただ、私は組織的に戦うのは大事だが、こだわりすぎるのは良くないと思っている。それだけではある程度までの成長しか望めないし、W杯もベスト16より先に進むのは難しいだろう。

ベスト16の壁を超えるには、「個」をもっと磨くべきだ。

日本人はどうしてもフィジカルで劣ってしまうので、1対1の勝負に持っていかれると不利だ。相手の一人に対して二人で行くなど、相手よりも数的優位に立った状況で戦わないと良さが出にくいので、組織的に行くしかない。個々の身体的能力のハンディをグループの力で埋めるしかないのだ。

今のサッカーは、スペースがなくなってきた分、個の力や発想が大事になっている。組織力という長所をより活かすためには個に磨きをかけるべきだろう。

今後、日本がW杯の常連国となり続け、W杯8強に入るためにはさらに個を磨き、日本のスタイルを確立すること。それは避けては通れない重要な課題である。

若手の海外移籍ブームへの警鐘

長友（佑都）や香川（真司）の活躍もあって、ここ2、3年、若手選手たちの海外志向がますます強まっている。海外でプレーすること自体は、喜ばしいことだとは思うのだが、実はその弊害もあるように感じている。

とにかく海外に行ければいい、という考えに陥っている若手が多いのではないかと思うのだ。条件面、移籍先のチーム状況などは度外視し、オファーが来た時点で決断する。助言でも言おうものなら「監督、自分の夢を壊さないでください」と、憤慨される。

そういう選手が増えた理由は、欧州の大きなクラブに入るには、まずは欧州に出て、欧州のスカウトの目に留まらなければならないからだろう。それはある意味で正しい。

宇佐美（貴史）も、FCバイエルン・ミュンヘンからオファーがあった時、ほぼ即決だったと聞いている。世界に名だたるビッグクラブからオファーが届けば、彼でなくとも、胸がときめくだろう。

最初からリベリーやロッベンに勝てるとは思っていないだろうが、ビッグクラブに行けばチャンスは膨らむ。常に、誰かが見ているからだ。そういう気持ちは分かる。

だが当時の宇佐美は、日本代表の選手ではなく、ガンバ大阪でもレギュラーではなかった。ユース上がりの選手にもかかわらず、これからという時に、期限付き移籍という形で出て行った。結局、2年でガンバ大阪に戻ってきたが、野心だけでは欧州で成功はできないということなのだ。

夢と現実があまりにかけ離れたシーズンを送っていると、選手生命はアッという間に終わってしまう。チームにおける自分のポジションを冷静に判断し、バックアッパーならそれ相応の努力をしないとレギュラーは奪えない。

香川は、ドイツで日本人の特徴のひとつである俊敏性を活かし、常に考え、緻密なプレーでゴールを奪い、マンチェスター・ユナイテッドへの移籍を実現した。もちろん、簡単ではなかっただろう。ボルシア・ドルトムントでは、誰も認めてくれず、ボールが来ない中、溶け込むための努力をし、言葉を覚え、結果を出すことで道を切り開いた。

また、彼はボルシア・ドルトムントに行ってからいきなり進歩したわけではない。セレッソ大阪で主軸としてプレーし、南アフリカW杯ではサポートメンバーに甘んじるという悔しさも経験した。どうしたら自分が代表の選手を超えることができるか、どうしたら自分が活きるのかなども考えただろう。ドイツに行く時には活躍するための素地が、すでにあった。

海外移籍を否定はしない。だが、海外に出て、最大の成果を得て、選手としての評価を高めるには、それなりの準備期間が必要だということだ。

自分の何がいいのか、何ができるのか。何の手応えもなく海外に行くのではなく、Jリーグの中で考え、見出してから行けばいい。拠り所があれば、それを軸に海外でも戦える。また、そうして培われた個性や考える力は、無限に伸びていくものだ。何も持たずに丸腰で行ったのでは、最初は勢いで活躍できたとしても、決して長くは続かない。

クラブと代表の監督の違い

これまで私は、ユース代表監督、五輪代表監督、クラブチームの監督として、ずっと走り続けてきた。

日本代表は、クラブ事情で断られさえしなければ、自分の理想に近い選手をキャスティングできる。能力が高い選手ばかりなので、自分の意図を早く読み取ってくれるし、短い期間ながら、理想のチーム作りに挑戦できる楽しみもある。

ただ、初めて監督となった、1992年U－20ユース代表のチーム作りは大変だった。Jリーグもなかった当時は、当然クラブユースも存在しない。だから、全国を行脚して気になる高校生をピックアップする、という地道な作業から始めるしかなかった。

Jリーグ発足以前のサッカー界の頂点は、大学サッカーでもなく実業団でもなく、高校サッカーだった。当時、誰もが憧れる冬の高校選手権は、サッカー界で最も華やかなイベントだった。

だから、当時の高校サッカーの名門校の監督たちは、いわゆる年代別の代表チームに対して非協力的だった。むしろ、代表に出したら選手がダメになってしまうという感覚だったと思う。

私が視察に行っても、選手が怪我しているという理由をつけて試合に出さなかったり、こちらがピックアップしてキャンプに招集しても、調子が悪いからという理由で、出してくれなかったこともある。

特に静岡の清水商業（現清水桜が丘）の大滝（雅良）監督は厳しかった。当時高校生だった川口（能活）が、代表のキャンプ中に額をカットしてしまったことがあった。すると、帰ったら大滝監督から電話がかかってきて「うちの宝に何をするんだ！」と言われたのだ。だが、当然のことながら、選手は代表に行きたいという気持ちを持っている。当時の高校ナンバーワンストライカーと目されていたある選手は「怪我もしていないし、もう一度見に来てください」と、わざわざ私に直訴してきた。

そんな苦労を経てなんとかチームを編成して、我々はワールドユースのアジア予選を兼ねた、アジアユース選手権に臨んだ。

UAEで開催されたこの大会は、準決勝で韓国に勝てば本大会に出場できるという状況だったが、その試合に私たちは敗れてしまう。3位決定戦が残っていたが、そこで勝ってもワールドユースには行けない。

この3位決定戦に意味を見出すのは非常に難しかった。

だが、試合前のミーティングでは私は選手たちにこう話した。

「これはアトランタ五輪に向けての第1戦だ。ここで戦ったメンバーは、必ず五輪代表として上がってきてほしい」

その時のチームからアトランタ五輪代表に入ったのが服部（年宏）であり、川口（能活）

だった。

彼らは1995年から入ってきた前園（真聖）らとは、アジアのスタンダードを体験している分、意識の差があった。どんな選手にも「チームへの貢献」を厳しく要求したのだ。そうした言い方ができるのは、過去に苦い経験をしてきたからこそだったと思う。

あの時代、Jリーグが華々しく始まって、2年が経過していた。

余談だが、プロになったのは、私よりも彼ら選手たちの方が早い。

私は、1996年にプロの監督として契約したが、それまでは日立製作所に属するサラリーマン監督だった。一方、選手たちは、すでにJリーグという華やかな舞台でプレーしている。

クラブでプロフェッショナルな外国籍選手たちの影響を受けて、「プロ意識」が非常に強く出ていたし、各チームでレギュラーを張っている選手は、ほぼみなスター選手のような扱いを受けていた。中には、一見、タレントか？　と思える選手もいた。

一方で伊東（輝悦）のように、周囲をよく観察して、自分は何をやるべきか、と常に冷静に考える選手もいた。

私には、どのタイプの選手も必要で、みなピッチの中に入れば、スーパーなプレーを見せてくれる。そういう部分は尊重し、認めていた。

同時に、私はこの個性的なチームを無理にまとめようとは思わなかった。

私は基本的に、チームを型にはめるのが好きではない。

このチームには「五輪に出場して勝つ」というはっきりした目標がある。それが共有できさえすれば、後は最低限の約束事があればいい。

ただ、このチームは、俺はこうしたい、みんなにこうしてほしいとか、主張や要求をする選手が多かった。これだけ自己主張の強いチームは、後にも先にもない。

私は、その気持ちを逆手に取ろうと思った。

彼らは、アジアを突破して五輪に行きたいという思いが非常に強かったし、みんな行けて当然だと思っていた。

世界大会の経験もないのに、Jリーグの中で実績ある外国籍選手とバチバチやっているせいか、「世界がなんだ！」と勘違いしていたとも言える。

しかし、目標設定が明確なチームは、とにかく試合になるとまとまって、凄い力を発揮する。キャラクターもプレースタイルも各自違うが、高いモチベーションの中、アトランタに行くという目標は同じだった。その一点において、チームがひとつになり、戦うごとにチームの雰囲気が出てきた。

このアトランタ五輪代表は、そうした不思議な力を持ったチームだった。

私はその後クラブチームの監督を合計14年務めているが、こちらにも、違った難しさがある。獲得できる選手の質や数も限られる。さらに、どういうチームを作りたいのか、明確なヴィジョンがないといけない。

それでも、毎日、顔を合わせていく中で、時間をかけてチーム作りができるし、資金が潤沢なクラブならば、理想に近付けるための補強も可能だ。

W杯よりもチャンピオンズリーグの方がレベルが高く、試合内容が面白いと言われるのは、そういう理由もある。

私は、代表監督、クラブの監督のどちらの仕事にも魅力を感じているが、自分自身はどちらかと言えばクラブ向きの指導者だと思う。

「継続力」がスタイルを築く

監督という職業をずっと続けてきて、気が付いたら、Jリーグの日本人監督は、自分よりもみんな若い人たちばかりになった。年齢はさておいても、キャリアも十分積ませてもらっている。

海外には、マンチェスター・ユナイテッドのファーガソン監督のように70歳を超えてもバリバリやっていた監督もいる。アーセナルのベンゲル監督もそうだ。

私は、彼らが長く監督を続けているということと、「ひとつのクラブ」を継続して指揮しているということとの必然性について、考えずにはいられない。

私がガンバ大阪で過ごした10年間も、最初は何もない中で始まった。クラブからオファーを受けた時も「低迷しているチームを何とかしてほしい」というくらいのもので、最終的にガンバ大阪の代名詞となった「ポゼッションサッカー」も、最初からあのスタイルを目指していたわけではない。

ただ、ガンバ大阪には若く、将来性のある選手がたくさんいた。

彼らを活かしたチーム作りを念頭に、ひとつひとつ課題を克服し、ステップアップしていった結果、あのような攻撃的サッカーが出来上がったのだ。

私は「はじめに」で、サッカー監督にはヴィジョンが必要だ、と書いた。

ただ、それは決して「絵に描いた餅」であってはいけない。

まずは、実現可能な目標設定をする。それを目指して、毎日のトレーニングや、生活のリズムを習慣化する。その単調な繰り返しの中で、選手たちは個々に考えながら、ひとつひとつのクオリティーを上げていく。

その意識が私と選手たちで共有できてさえいれば、ときにチームのスタイルが変化したとしてもかまわない。気が付けば、目標を達成していた、ということになっているはずだからだ。

それを実現するのは、一朝一夕では難しい。ガンバ大阪で過ごした10年間という期間とそこで残した結果は、間違いなく無関係ではないのだ。

今のところ監督以外の仕事には興味がない。

実際に携わったことがないので分からないのだが、組織を運営する立場のフロントには適性がないし、マスメディアには興味が湧かない。

では、「監督が天職か」と言われれば、そこまでの確信もない。ただ現場が好きなのだ。

それがガンバ大阪の監督を退任して、ヴィッセル神戸の監督を引き受けた時、改めて実感したことだった。「やっぱり現場はいいな」と思ったし、新しい環境でトライするやりがいも思い出した。

私は、ガンバ大阪での在任期間の後半、チームを変化させることに躊躇した時期があった。だが、監督が自ら変化と成長を止めてしまっては、チームに刺激を与えられず、活力も得られない。強いチーム作りの根源は、選手に責任を押し付けるのではなく、監督自らの成長と変化にある。

そのことを肝に銘じて、これからもオファーがある限り、監督業を続け、チャレンジをし、魅力あるチーム作りをしていきたい。そうして、シーズン終了時に、選手たちと大きな喜びを分かち合いたいと思っている。

あとがき

私が12年間にわたる現役生活を終えたのは1990年のこと。初めは、監督をやろうという気持ちは毛頭なかった。

ただ小さな頃から、一生サッカーに関わり続けたいという気持ちは、人一倍あった。小学校の文集の「将来なりたい職業」に、周りが総理大臣やパイロットを挙げる中、プロリーグもないのに、一人だけ「一流のサッカー選手」と書いたくらいだ。

高校受験の時は、両親や担任の先生がみな、合格した私立の進学校に行かせたがる中、私はあえて地元の県立浦和西高校に入学した。その私立の高校に見学に行ったら、コンクリートのグラウンドしかなく、とてもサッカーをする気になれなかったからだ。ただ、入学した浦和西高校も決して強豪校ではなかったのだが。

その後、早稲田大学を経て、35歳まで日立製作所でプレーした。

当時、ここまで現役を続ける選手はあまりいなかった。あの頃はみな28歳になると現役引退して、会社に戻るというのが既定路線だった。入社して5年間を限度にサッカーから足を洗い、職場に復帰しないと、出世の目はなくなるという時代だったのだ。

だが会社に残るつもりがない私には関係のないことだった。実は、サッカーをやめたら、教員になろうと思っていたのだ。

プロリーグがないこの時代、一生サッカーに関わり続けるには、高校の先生になって、サッカー部を指導するという方法が一番現実的だった。だから、あらかじめ早稲田大学時代に教職課程も取っていた。

しかし、引退した時、浦和西高校の恩師である仲西駿策先生にそう報告したら、「お前何言っているんだ！　教員はそんなに甘くないぞ」と一喝されてしまった。

仲西先生は「サッカーをやってることを言い訳に使うな」が口癖の人だった。部活があるから早弁してもいいとか、掃除もしなくていいという考えを、人一倍嫌っていた。その時の教えは、今も人生の指針のひとつになっている。そんな人が「サッカーの世界に残れ」と言ってくれたのだ。

それでやむなく会社に残ることを決めたら、突然、当時の日本サッカー協会の強化委員長だった川淵三郎さんから、U-20ユース代表のコーチのオファーがきた。

さらに、1992年1月に、ユースの監督を務めるはずだった永井良和さんが新しく発足するJリーグのジェフユナイテッド市原（現ジェフユナイテッド市原・千葉）の監督に就任することになり、玉突き人事でユース代表監督に就任することになったというわけだ。

川淵さんのオファーを受けた理由のひとつには、一度日立製作所の環境を飛び出して、外の空気を吸ってみたいという気持ちもあった。

だが、引退した時に仲西先生から「戻ってこい」と言われたら、私は間違いなく高校の先生になっていたに違いない。人生というものは分からないものだ。

その後の監督としての経歴も、日本人の中ではかなり特異なケースだと思う。

育成年代とはいえ、まったく指導者経験のないまま、ワールドユース日本代表の監督から、アトランタ五輪代表監督を経て、クラブチームを率いることになったのだから。通常は、クラブチームで実績を積んでから、その国の代表監督になるのが一般的だろう。

だが、代表チームからスタートしたことは、私のその後の指導者人生に大きな影響を及ぼしている。

五輪の舞台でブラジルやナイジェリアと戦うことで私の頭の中に刻みつけられた「世界のスタンダード」が、選手たちに「もっとやれるはずだ」としつこく要求させ、妥協することを許さない姿勢につながったのは間違いない。

ガンバ大阪で過ごした10年間には、主力選手の移籍を始め、いろんなことがあった。チームは生きものだ。常に選手の入れ替わりもある。既存のチームに、新しい選手が入ってきて、刺激し合い、求め合い、うまく融合する。それを繰り返すことで、チームのスタイルが生まれる。ガンバ大阪が、他に例のない、超攻撃的なサッカーを具現化し、安定した成績を残して、常勝チームと呼ばれるまでになったのも、それを成し遂げられる選手たちがいたおかげだった。

私は、いつか世界のスタンダードに並ぶ日まで、このスタイルでこれからもチームを作り続けたい。それゆえ、私は監督をやめられないのだ。

西野朗
（にしの・あきら）

1955年4月7日、さいたま市出身。埼玉県立浦和西高等学校から、早稲田大学を経て、78年に日立製作所に入社。現役時代は攻撃的MFとして活躍した。90年に現役引退、翌年の91年より、U-20日本代表監督に就任。96年、U-23日本代表をアトランタ五輪予選突破に導き、28年ぶりとなる本大会出場を果たす。アトランタ五輪ではグループリーグでブラジルを撃破し、「マイアミの奇跡」と呼ばれた。98年に柏レイソルの監督に就任し、99年にはヤマザキナビスコカップを制覇。2002年からガンバ大阪を率い、05年にJ1、07年にヤマザキナビスコカップ、08年にアジア・チャンピオンズリーグ（ACL）、08、09年に天皇杯を連覇するなど、タイトルを多数獲得。11年にガンバ大阪の監督を退任。12年5月にシーズン途中でヴィッセル神戸の監督に就任するが、成績不振のため同年11月に解任される。13年12月に名古屋グランパスの監督に就任した。00、05年にJリーグ最優秀監督賞、08年にAFC最優秀監督賞を受賞。勝利数はJリーグ歴代最多となる、通算244勝を記録している（13年12月現在）。

構成　佐藤 俊
カバー写真　ホンゴユウジ
カバー・本文デザイン　水戸部 功

勝利の
ルーティーン

常勝軍団を作る、「習慣化」のチームマネジメント

2014年1月25日 第1刷発行
2018年7月5日 第5刷発行

著　者　西野 朗
発行者　見城 徹
発行所　株式会社 幻冬舎
〒151-0051
東京都渋谷区千駄ヶ谷4-9-7
電話 03(5411)6211(編集)
03(5411)6222(営業)
振替 00120-8-767643

GENTOSHA

印刷・製本　中央精版印刷株式会社

検印廃止

ISBN978-4-344-02521-9 C0095

幻冬舎ホームページアドレス:http://www.gentosha.co.jp/
この本に関するご意見・ご感想をメールでお寄せいただく場合は、
comment@gentosha.co.jpまで。